佐久間象山伝

大平喜間多原著

宮帯出版社

佐久間象山像（国立国会図書館蔵）

大砲模型 伝 象山作
（真田宝物館蔵）

電気治療器 伝 象山作
（松代藩真田家伝来・真田宝物館蔵）

〔**読み下し**〕余、年二十以後、乃《すなわ》ち匹夫も一国に繋《かか》ることあるを知る。三十以後乃ち天下に繋ることあるを知る。四十以後、乃ち五大世界に繋ることあるを知る。
象山平子明

〔**現代語訳**〕私は20歳以後、身分は低くとも国（信濃国・松代藩）の興廃に関係していることを知り、30歳以後に天下（日本）の存亡に関係していることを知り、40歳以後に全世界の繁栄に関係していることを自覚した。

佐久間象山「余年二十以後」の碑（象山神社提供）

象山が44歳の時にまとめた『省諐録《せいけんろく》』中の一句。自身の抱負を述べたもので、吉田松陰の密航事件に連座して処罰を待ちながらも、自分が藩を国を世界を担ってゆくべき人材であることを主張している。その桁外れに強靭な意志が伝わってくる。

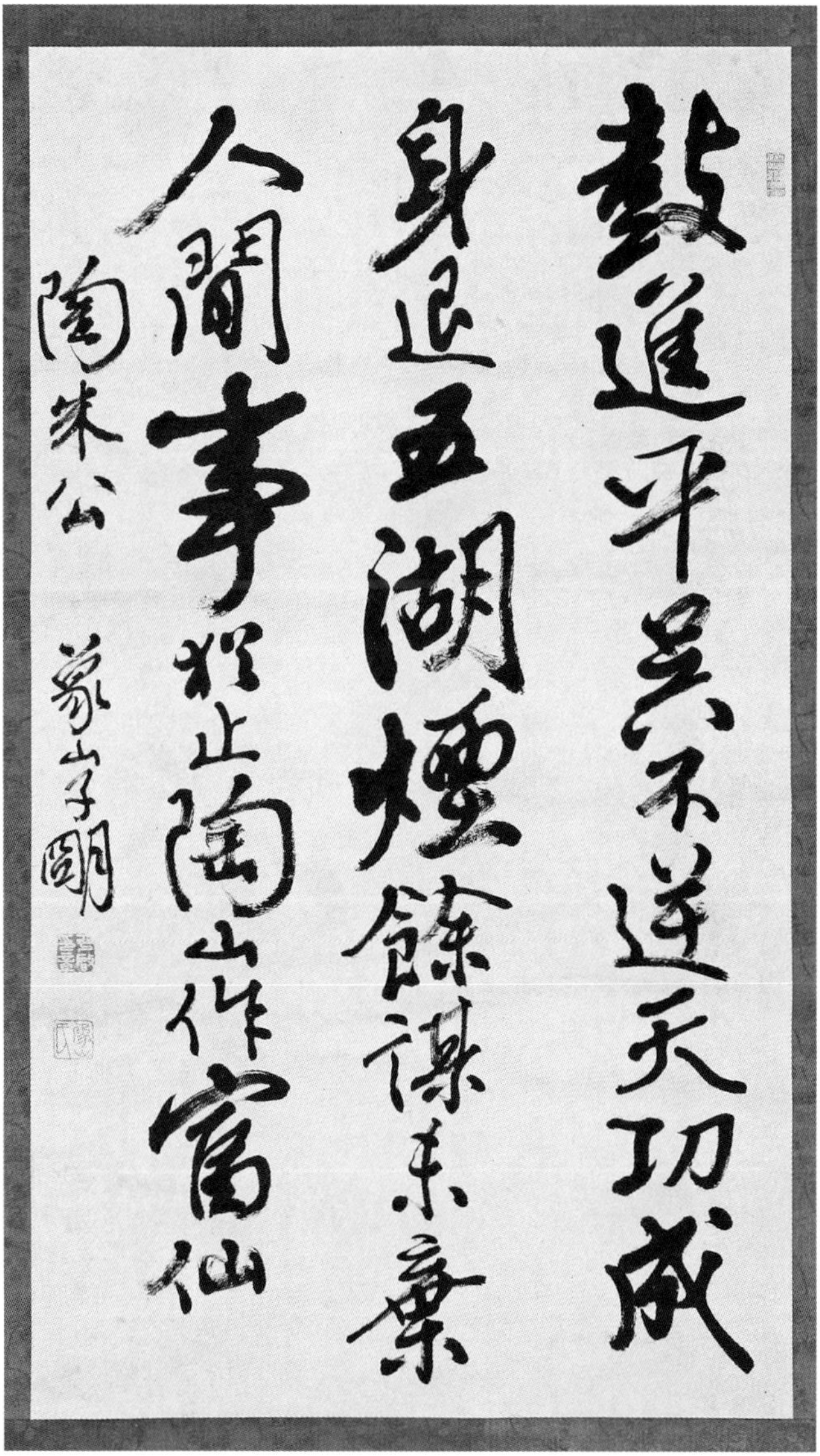

三行書 佐久間象山筆(早稲田大学図書館蔵)

鼓進平呉不逆天　功成身退五湖煙　余謀未棄人間事　猶止陶山作富仙
陶朱公　象山子明

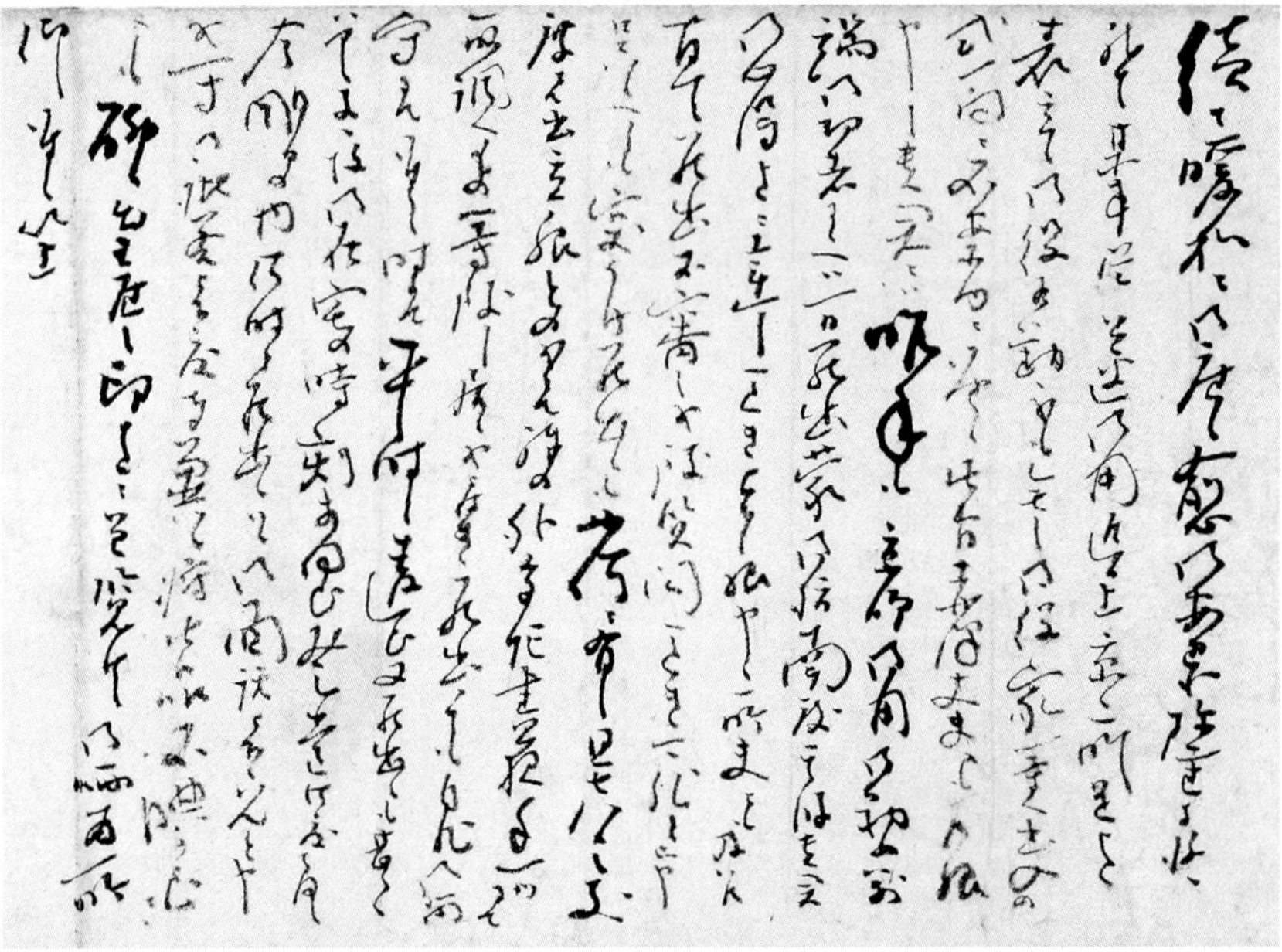

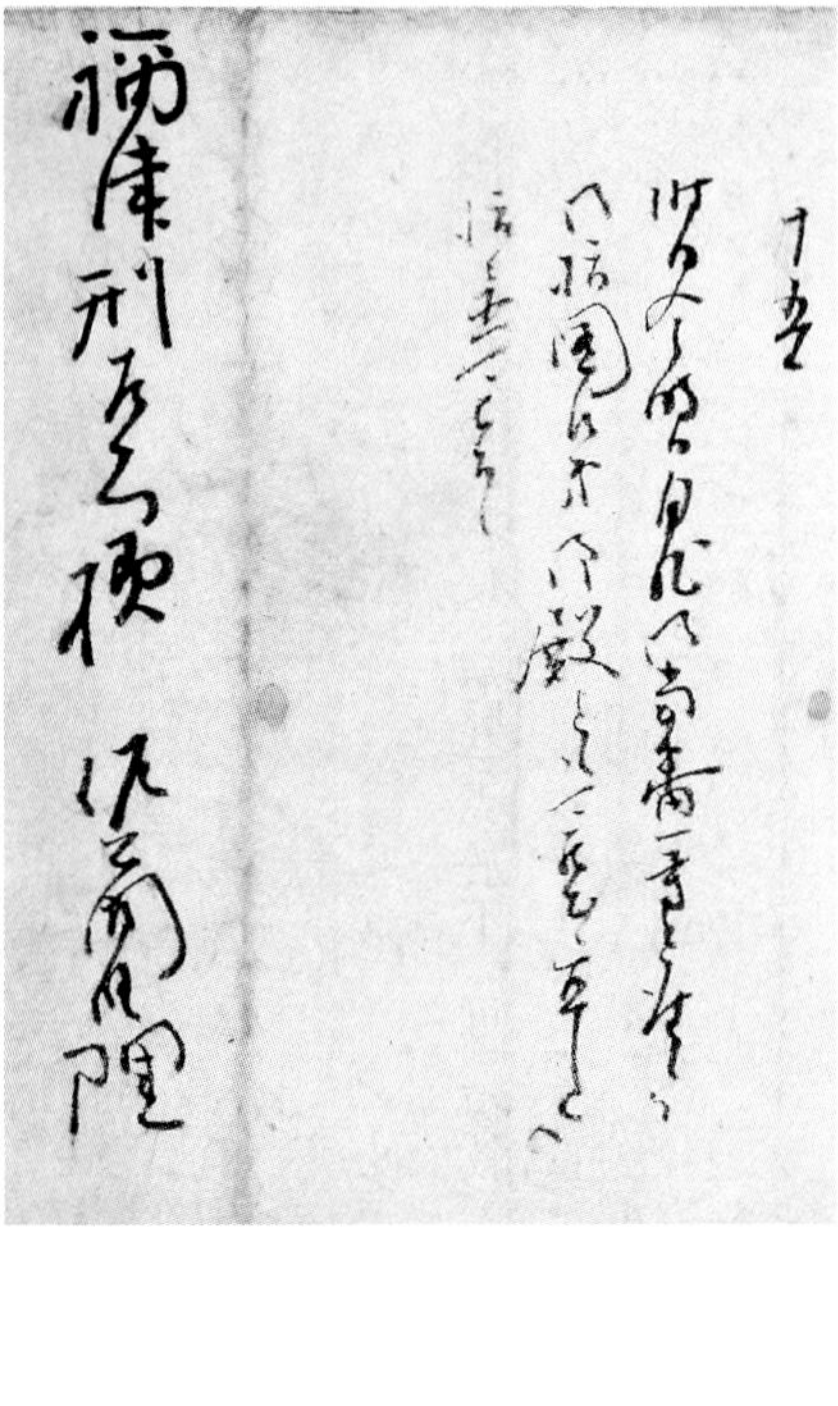

祢津刑左衛門宛 書簡 佐久間象山（修理）**筆**
（早稲田大学図書館蔵）

松代藩士の祢津刑左衛門へ宛てた書簡。「近日上京」を控え、訪問の時日を問い合わせている。

序

信濃の国は、緑豊かな山紫水明《さんしすいめい》の地であるとともに、古来数多くの偉人を生み出している。中でも佐久間象山は、幕末維新史を飾る異才である。その先見性と卓識は歴史上に輝かしい足跡を遺しており、長く後世に語り継がれてゆくことだろう。

嘉永六年（一八五三）の夏、アメリカの使節ペリーが初めて我が国に来航し、通商貿易を迫った当時、憂国のあまり象山が詠じた詩に「微臣別有二伐謀策一、安得二風船一下二聖東一」という一節がある。その意味は、アメリカがもし堅固な鋼鉄艦や最新鋭の大砲をもって我が国を攻めるならば、我が国は風船を造って、ただちにアメリカの首府ワシントンを空撃すればよいではないかというものである。思うに象山は、当時すでに飛行機の製作を心の中に描いていたのであろう。その先見の明は、まったく驚嘆に値する。

象山は早くから、西洋の科学的文明を採り入れて、国力の充実を図り、世界に進出するという策を立てていた。だがその卓説も世に容れられなかったばかりか、国家を危うくする狂妄の言として排斥《はいせき》され、そのために罪を蒙《こうむ》ることにさえ至った。

自レ古懐レ忠被レ罪者、何限、吾無レ怨焉、但猶可レ及レ為之時、而不レ為、将使三病弊至二於不一レ可二復救一、是則可レ悲巳、

（『省諐録《せいけんろく》』）

と慨嘆し、また、

縦予今日死、天下後世、当有㆓公論㆒、予又何悔何恨、（『省諐録』）

と達観してもいた。さすがに立派な覚悟である。

象山の達見は、やがて多くの識者に認められるところとなり、ついには将軍徳川家茂《いえもち》の命により上洛し、その諮問に答えることとなったのである。そこで象山は、鎖国の伝統を破り、開国進取《かいこくしんしゅ》主義の主導者として、大いに活躍することになった。だが、残念ながら頑迷固陋《がんめいころう》な尊王攘夷《そんのうじょうい》論者の手にかかり暗殺されてしまう。けれども象山の横死は決して犬死ではない。それが導火線となって、間もなく蛤御門《はまぐりごもん》の変が起こり、また幕府の長州征伐につながり、ついには将軍の大政奉還へと転じてゆくのである。象山の死からわずか四年の後に明治維新を迎え、知識を広く世界に求め、国家振興の基が築かれたのである。かくして象山は、近代日本の建設を見通した予言者となり、その事績は今日もなお日本人の進むべき途《みち》を指し示している。

　この不世出の偉人が、尊い血潮で刺客の刃を染めてから幾多の春秋が過ぎ、早くも七十年の星霜を重ねるに至った。現在、対外的には国際関係の危機に直面し、内政面では政治・経済・思想の動揺が著しい。高官の暗殺が相次ぐなど、非常時が叫ばれる世相は、あたかも幕末維新当時の国情を髣髴《ほうふつ》とさせるものがある。そんな中にあって、象山を追慕する情はいよいよつのり、ついに本書を公刊した次第である。

昭和八年 早春　松代町の寓居において

大平喜間多 識

凡　例

一、象山は逸話の多い人物である。したがってその蒐集《しゅうしゅう》に努めた上で、その中から信頼できるものだけを選んだ。

一、本書は通俗を旨としており、また、人間としての象山、つまり赤裸々な象山の姿をありのままに示したいと考えたので、その短所も欠点も隠さず記した。

一、偉人といえども人間である以上、短所もあり、欠点のあるのは免れられない。だが、偉人の伝記の多くはその非を隠蔽《いんぺい》して美点ばかりを挙げている。そのためにかえって偉人は親しみがたいという印象を抱かせる場合が少なくない。ことさらにその非をあばくのはもとよりよろしくないが、かといっていたずらにその非を庇護するのも決して良識ある歴史家の態度ではない。著者が象山の非も隠すことなく記するゆえんである。

現代語訳版の出版にあたって

本書は大平喜間多著、昭和八年（一九三三）刊『佐久間象山逸話集』（信濃毎日新聞社出版部発行）を現代語訳したものである。現代語訳にあたっては、長野県図書館協会の協力を賜り、宮帯出版社編集部で行った。その際、読み易さに配慮し、新たに章立てしている。

大平は凡例にあるように、多くの偉人伝が、その人物の非を隠蔽し、美点ばかり挙げるためかえって親しみ難い人物像となっていることを批判し、非を隠すことなく著述することを心がけたとする。それは「良識ある歴史家」のあるべき態度に従った結果であり、尊重しなければならない。しかし、初版の刊行が太平洋戦争以前の昭和八年と、半世紀以上を経ている現在、社会的常識も当時とは大幅に異なっており、その点に配慮し、佐久間象山個人の非を隠蔽するためではなく、現在の社会常識との整合を図るため、現代語訳にあたっては、元著作から何項目か削って一冊にまとめた。

なお本文中には、書簡・漢詩・和歌などが多数引用されているが、これは学術的な意味から、現代語訳することなく、原文のまま掲載することとした。

目　次

第一章　略伝

略伝

象山は佐久間一学《いちがく》の子で、信州松代藩主真田家の家臣である。文化八年（一八一一）二月十一日、十万石の城下字浦町の邸において産声を上げた。幼時の通称は啓之助《けいのすけ》、長じて修理《しゅり》と改める。諱《いみな》は初め国忠《くにただ》、後に啓《ひらき》、または大星と称し、字《あざな》は子迪《してき》、子明《しめい》といった。啓・大星・子明という名は、ともに詩経の「東在二啓明一」からとったもので、自らを啓明《けいめい》すなわち暁の明星になぞらえたのである。また、後年に至り、

予年二十以後、乃知匹夫有レ繫二一国一、三十以後、乃知有レ繫二天下一、四十以後、乃知有レ繫二五世界一、

と豪語しており、すでに早くから、世を開明に導く先覚者たるべく、壮大な抱負を持っていたことがうかがい知れる。

雅号は初め曲水《きょくすい》、あるいは滄浪《そうろう》といい、さらに観水《かんすい》、懐貞亭長《かいていていちょう》、養性斎主人《ようせいさいしゅじん》、清虚観道士《せいきょかんどうし》、北皐《ほくふ》とも称し、象山という号を用いたのは、二七～八歳頃からのことである。しかし晩年、御安《ごあん》町の聚遠楼《しゅうえんろう》に蟄居《ちっきょ》中は、本名または雅号の使用をはばかって、呉灣《ごわん》または呉安《ごあん》の仮名を用い、書簡《しょかん》には息子恪二郎《かくじろう》の名を借用したものが少なくなく、和歌には衡樹《ひらき》と署名した。

象山は幼い頃から聡明で神童と称された。初め父一学より読み書きの手ほどきを受け、成長して和漢の学を鎌原桐山《かんばらとうざん》に学び、また易学《えきがく》を竹内錫命《たけのうちしゃくめい》に、数学を町田源左衛門に、漢語と琴を禅僧活文《かつもん》について修めたが、一を聞けば十を悟るという稀有《けう》の天才児であったから、学業の進歩にはその師も舌を巻いた。故に、藩主真田幸《ゆき》貫《つら》はその奇才を愛し、象山が二一歳の時に近習役に抜擢し、その後間もなく資金を与えて江戸へ遊学させた。

象山生誕の地（真田宝物館提供）

象山が初めて江戸に上ったのは、天保四年（一八三三）の冬のことであった。江戸では、佐藤一斎《さとういっさい》の門に入って詩文を学び、もっぱら和歌を加藤千浪《かとうちなみ》に、琴を仁木三岳について学んだ。

こうして江戸に遊学すること二年、天保六年十二月、松代藩の月次《つきなみ》講釈助に任ぜられたので、翌七年二月帰省し、藩儒林単山《はやしたんざん》の助手として、儒学の教義を藩の子弟に教授した。そうした中で教育制度の不備を知り、その振興策を藩老矢沢監物《けんもつ》に上申した。これが有名な学政意見書である。また、当時たまたま松代に行脚《あんぎゃ》してきた、黄檗《おうばく》宗の僧侶末山《まつざん》について古賦の作法を学び、大いに得るところがあったという。

天保十年、象山は再び江戸に上った。そして神田阿玉池《おたまがいけ》（於玉ヶ池）に塾を開いて生徒に教授する一方、なお一斎の門に出入りして、ますます研鑽《けんさん》を重ねた。それのみならず、当時碩学《せきがく》と称されていた諸名士と交友を結び、また天保十三年の秋には、伊豆の韮山《にらやま》に赴き、江川太郎左衛門の門に入り、高島流の砲術を学んだ。

それから間もなく、幕府の老中であった藩主真田幸貫が海防係に就任し、象山を推薦してその顧問とした。そこで象山は、いわゆる海防八策を幸貫に上申して、外寇《がいこう》防御に関する意見を述べた。だが、翌十四年十二月、幸貫が閣老を辞してしまったので、象山の献策もついに実施には至らなかった。

天保十四年十月、象山は郡中横目役に任ぜられ、旧禄百石に復することとなった。その翌弘化元年（一八四四）、黒川良安《よしやす》について蘭学を修めた。この年、高井郡佐野・湯田中・沓野《くつの》三ヶ村の利用係を命ぜられた。

弘化二年、カルテンの砲術書を得て、これを閲読し、江川の伝えた砲術の不備を悟った。坪井信道、杉田成卿《せいけい》、伊東玄朴《げんぼく》らと交わって医術を試みたのもこの頃からである。弘化三年、松代に帰って御使者屋に住居し、利用係としてもっぱら開発事業に尽力した。その翌年、顔真卿《がんしんけい》の筆蹟を学び始めた。

嘉永元年（一八四八）藩命を受け、オランダ人ペウセルの著書に基づいて、三斤《きん》野戦地砲一門、一二拇《ドイム》野戦人砲二門、一三拇天砲三門を鋳造し、松代の西道島田圃で試射した。日本人が西洋の書物によって洋式大砲を鋳造したのはこれが最初という。

翌二年、藩から一二〇〇両の貸与を許されて、オランダ語辞典『荷蘭語彙《おらんだごい》』を編纂、出版しようとしたが、幕府の許可が下りず、結局徒労に終わってしまった。嘉永四年、三ヶ村利用係を免ぜられたので江戸に出、木挽《こびき》町に塾を開いてもっぱら砲術を教授した。勝海舟、坂本龍馬らがまず入門し、ついで吉田松陰、小林虎三郎、橋本左内《さない》など、多くの名士が入門した。

嘉永六年の夏、突如アメリカの艦隊が浦賀に現れ、これを受けて国論が沸騰するに至った。この時、象山は藩の軍議役に任ぜられ、御殿山警衛志願に関して奔走したのみならず、老中阿部正弘に急務十事を上書したが、用いられなかった。

安政元年（一八五四）、アメリカ艦隊が再び来航するや、幕府は松代・小倉の両藩に命じて横浜を警衛させた。この時も象山は軍議役となり、横浜へ出張している。横浜滞在中、たまたま下田開港について耳にした。そこで深夜、藤田東湖《とうこ》を訪れ、下田ではなく横浜の開港こそが妥当であると力説して、そのための尽力を願っている。

この年、象山は門人の吉田松陰に密航を教唆《きょうさ》した罪で逮捕され、江戸伝馬《てんま》町の獄に投ぜられた。この時、獄中で『省諐録《せいけんろく》』を著している。しかし憂国の念はなお禁ずべくもなく、内密に門人馬場常之助を京都へ遣わして書簡を梁川星巌《やながわせいがん》に送り、二度にわたって時局打開に関する意見書を申し述べた。

文久二年(一八六二)十二月、赦免され蟄居を解かれ、九年ぶりで政治・社会復帰を果たした。土佐藩は中岡慎太郎・衣斐《いい》小平・原四郎を、長州藩は久坂玄瑞《くさかげんずい》・山県半蔵(宍戸璣《たまき》)・福原乙之進らを使者として松代へ派遣し、象山を招聘《しょうへい》しようとしたが象山はこれを拒絶した。

元治元年(一八六四)、象山は、将軍家茂の命によって上洛し、家茂及び一橋慶喜《よしのぶ》に面謁した。山階宮《やましなのみや》、中川宮の信任を得て、開国進取を国是《こくぜ》として定めるべく、公武合体に尽力し、その時流を見抜いた卓越した献策・論説は朝野の間に重んぜられた。だが、過激な倒幕派と頑迷な攘夷派は、象山を国賊と見なし、その首を狙ってひそかに刃を研いでいた。

かくて七月十一日、開港の勅諭の草案を懐にし、山階宮邸を訪問した帰途、三条木屋町通において浪士の凶刃に倒れた。時に五四歳、遺骸は京都花園妙心寺内大法院に葬られ、法名を清光院仁啓守心居士という。

「しょうざん」か「ぞうざん」か

「象山」という彼の雅号を漢音で読んで「しょうざん」と呼ぶ人と、これを呉音で読んで「ぞうざん」と称する人がいる。他国他郷の人はほとんど「しょうざん」で、「ぞうざん」と呼ぶのは郷土の人に限られている。しかし、その郷土の人の中にも、少数ではあるが、「ぞうざん」説を非とし、「しょうざん」説を是とする論者もいる。どちらの称呼が正しいかは難しい。

象山研究家の権威として知られている宮本仲氏は、その高著『佐久間象山』の中で、この点を明らかにすべく、正しくは「ぞうざん」であることを力説しておられる。

先生が象山と号した当時、世間では、その学問といい気性といい、象山には中国南宋の儒者の陸象山《りくしょうざん》に似通っているところがあるから、彼が「象山」と号した当時、世間には「きっと佐久間は、陸象山を敬慕するあまりに、『象山』という号を用いたのであろう」と評した人がいた。これに対し、象山は「決してそのようなわけではない」と弁解し、『象山説』の中で「予盧之西南、巨陵奮起、其状厳然類レ象、土人目曰二象山一、遂以二象山一而自号焉」と、号の由来を述べている。これは、明らかに号の読みが「ぞうざん」であることを立証するものである。象のような山であるのだから、その山の名は「しょうざん」とはいわず「ぞうざん」と呼び慣わされている。したがって象山の号も「ぞうざん」と呼ぶのが正しい呼称である。

松代町 象山風景（象山神社提供）

というのが宮本氏の論旨である。いかにも妥当な説のように思われるが、必ずしもこの説には賛成できない。というより、むしろこれとはまったく反対の説を持っている。

山名の起源について、象山も前記『象山説』中、その山容が臥した象を髣髴《ほうふつ》とさせるところから命名されたかのように述べている。したがって今日では、土地の人のいずれもがそのように信じきっていて、誰一人としてこの説を疑う者はいない。

しかしながら、これは明らかに間違いで、なぜかというと、そもそも「象山」という名称は、延宝五年（一六七七）に、問題の山の麓《ふもと》に創立された黄檗宗恵明寺《おうばくしゅうえみょうじ》の山号として命名されたものなのである。

恵明寺は、名僧として名高い良寂禅師《りょうじゃくぜんじ》が、その師木庵《もくあん》禅師の薦めによって創立したものである。したがって実際上の開山は良寂禅師であるが、謙遜の心があり、また師を思う気持ちの篤《あつ》い人であったので、木庵禅師を開山祖師となし自身は第二世と称した。その良寂禅師の行業記に、

特二奉黄檗木庵和尚一、為二開山祖一、和尚喜曰、山僧東渡初得二開山一、当下以二象山恵明寺一名上レ之、蓋象山本在二支那泉州一、以二和尚初会之場一、示レ不レ忘二其旧一也、

とあり、これによって「象山恵明寺」と命名された由来が明らかにされている。ここから分かる通り、「象山」は恵明寺の山号であって、山の名称としてつけられたものではないのである。したがって、象山がこれを雅号として用いた当時までは、誰も山の名を「象山」などと呼ぶ者はいなかったのである。

彼の山に象山の号有レ之候事、恵明寺の古き額に其字面見え候ばかり人の心づかず居候所にて、僕よりこれを発し候、

右は嘉永の末年、象山が宮本氏の厳父に送った書簡の一節である。これによると、山の名を「象山」と呼ぶのは象山から始まっていることが分かる。また前記書簡の続きに

過日認候山記（『象山記』を指す）にも以三其東西脩竹成レ林、紺聯緑涵、弥望如二霽雲一、故亦名二竹山一、と
も有レ之候てけく山の本名にて候、

とある通り、地元の人は古くから「竹山《たけやま》」と呼んでおり、「象山」とはいわなかったのである。

試しに松代の古文献を漁《あさ》ってみても、その山の名を「象山」と記したものは皆無であって、そのことごとくが「竹山」と記している。この事実は、もっとも雄弁に著者の説を裏書するものだということができるのである。したがって「象山《ぞうざん》」という名称が山名として呼ばれるようになったのは、まったく最近のことである。すなわち明治維新の後に至り象山の名声が高まるにつれて、次第に「竹山」という本名は失われていき、「象山」の名で呼ばれるようになったものである。

しかも山を覆っていた美しい竹林が廃藩後、ことごとく伐採され、その跡地が開墾されて桑園と化したことにより、いよいよ「竹山」の名にふさわしい実態がなくなってしまった。そういうわけで、その名がいつしか忘れられようとしているのも、是非なき次第であるといわざるを得ない。

そんなことは、まあどうでもよいとして、早く結論を述べよう。それには、象山自身が果たして何と発音していたか、ということを知るのがもっとも近道である。すなわち「しょうざん」と称したか、それとも「ぞうざん」と称したか、まずこの点を明らかにしなければならないと思う。

それについて、象山の門人で後に真田伯爵家の家令を務めた旧松代藩士久保成《しげる》は、かつて著者の質問に対して、「先生自らはもちろん『しょうざん』と申しておられ、決して『ぞうざん』などとはいわれなかった。したがって、自分たち門下生らはみな象翁《しょうおう》と呼んでおった」と答えた。

漢学の造詣深く、しかも人一倍文字の読み方にやかましかった象山が「ぞうざん」などと呉音で読むはずがない。したがって「しょうざん」と称したという久保成の説はもっとも信憑《しんぴょう》するに足るものであるということができるのである。

恵明寺の山号は仏者が命名したのであるから、「ぞうざん」と呉音で読んだとしても、象山の雅号から始まったものである以上、山の名は本来「しょうざん」と漢音で呼ばねばならぬはずであるにもかかわらず、「ぞうざん」

と呉音で呼ばれているのは、おそらく世間の人々にもなじみやすかったからであろう。

仮に一歩譲って、象山が雅号に採用する以前から、山の名を「ぞうざん」と呼んでいたとしても、象山がこれを雅号とした場合には、正しく漢音で「しょうざん」と発音したに相違あるまい。そのような実例は決して少なくないのである。

つまり、問題の山である象山の本名は、前にも述べた通り「竹山」であって、これは「たけやま」と呼ばれており、「ちくざん」とはいわない。けれどもこの山名をとって号とする人がいても、決して「たけやま」とはいわずに「ちくざん」というであろう。

現に、象山ゆかりの人物にその実例がある。象山の門弟松木源八（名は董正、字は子正）は、その山麓《さんろく》の竹山《たけやま》町に住居したことから「竹山」と号したが、やはり「たけやま」とはいわずに「ちくざん」と称した。多分これなどは恰好《かっこう》の適例というべきであろう。故に著者は、たとえ山の名は「ぞうざん」と呼んでいるにしろ、象山の号を呼ぶ場合には「しょうざん」と発音するのが正しいと主張するものである。

その傍証として、ここに述べたい事実がある。象山はかつて松前藩主から、一八ポンド長カノン、一二ポンド短カノンの大砲の鋳造を依頼され、それが出来上がったというので、嘉永四年（一八五一）十一月上総《かずさ》の姉ヶ崎で試射を行った。その成績はすこぶる良好であったが、最後に発射したものが失敗に終わって、砲身が破裂してしまったばかりか怪我人も出た。当時の落首に、

大砲を打ちそこなつてべそをかき　あとのしまつをなんとしやうざん
松前にことはりくふて手付金　いまさらなんとしやうざんのざま

というものがある。これは、象山を快く思わぬ、ある松代藩士が作ったものであると伝えられている。このよ

うな落首が作られるからには、「ぞうざん」でなく、「しょうざん」でなくてはならない。

※大平喜間多は、一九五九年発行の『佐久間象山』（吉川弘文館）においても「しょうざん」説を継承し、象山自身がローマ字で「SSS」と署名していたらしいことを補足している。象山の読み方については、一般的には「しょうざん」に統一されつつあるが、『信濃教育』一一五六号（信濃教育会、一九八三年）では「佐久間象山は「ゾウザン」か「ショウザン」か」と題する特集が組まれたり、高橋宏「佐久間象山雅号呼称の決め手」（『信州大学教養部紀要』二九、一九九五年）が発表されるなど、学術的な論議は続いている。

特徴の多いその容姿

象山は身長が五尺六～七寸（約一七〇センチ）もあって、しかも筋骨たくましいばかりでなく、肉付きも豊かであった。

顔は長く、額は広く、顴骨《かんこつ》が特に秀でていた。二重瞼《まぶた》で眼はいささか窪んでいて、その瞳は大きく、しかも鋭敏に輝き、あたかも梟《ふくろう》の眼のようであったから、子供の頃からテテッポウ（梟の方言）というあだ名があった。また髭《ひげ》を長く垂らし、頭髪は五〇歳を超えても白髪が一本もないほど真っ黒で、それをいつも総髪にして、中程を白のじゃばら糸で結んでいた。

普段から常に紋付の着物に袴をはき、下着は白襟《しろえり》のものを好んで用いたから、一見にも大学者の風格があった。また肌の色は白色人種かと思うほど白く、誠に押し出しの立派な人であったという。

つまり容貌魁偉《ようぼうかいい》で体格がどっしりとし、体力・筋力も人に優《まさ》るものがあったという。友人高田法古《のりふる》の病気見舞いのために遣わした書簡の中に、当時召遣ひ候僕は、壮年の節相撲など致し候哉の由にて、力量に至りては、むざと人に負け候はずなど、家内及び門生へほこり候との事、此頃門生等と僕と棒押致居候、小生も試み候処なる程普通のものには無レ之様子に候へども、彼れ総身に力を入れ候て押し候へども、小生は更に動き不レ申、モ卒度強く押し候へと励し、彼れ汗を水の如く流し候ても小生には及び申さず呵々、

とあり、この文章から腕力も非凡であったことが分かる。

声は必ずしも大きいというほどではなかったが、よく響いて金属や石を打ち鳴らしたようであった。普段は寡黙がちであるけれど、時代の急務を説き政情を論ずるとなると、その言辞は重々しく論旨明晰、よく人の急所を突き、弁舌なめらかにして淀みなく、数万言を語っても言葉が尽きることのない雄弁家であったという。

嘉永七年の正月、アメリカ合衆国の使節ペリーが再び日本へやって来たので、幕府で横浜に応接所を開き、松代及び小倉両藩に命じて警護の任に当たらせた。その時、松代藩の陣屋の前をたまたまペリーが通過しようというところであったが、軍議役として控えている象山の前にさしかかるや、何と思ったか一礼して行き過ぎた。当時、川路聖謨《としあきら》がこのことを聞き、象山に向かって、「日本人でペリーから会釈されたのは、貴殿だけです」と言ったという。これは象山の風采が堂々としていかにも立派で、かつ犯し難い威厳を備えており、ペリーもこれは普通の人物でないと思って、自ら敬意を表して通り過ぎたものと思われる。

あめりか人の事も御母様御きづかい被レ下候とのことありがたく候、何も仔細なき事に御座候、一昨々日ペルリ上陸候せつ通りかけ我等の前を過ぎ候時一寸会釈して通り申候、ペルリは一通りの人には会釈は致さぬよしに候、右様の事故人々かれこれ申候と見へ申候、

これは国許に残してきた順子夫人に宛てた書簡の一節である。ペリーから一礼されて得意になっている有様が髣髴として、いかにも面白い文献ではないか。

象山の人相にはまた珍しい特徴があった。それは、正面からは両方の耳が見えない点である。いかに頬がふくよかな人でも、正面から顔を見た時に耳の見えない人は滅多にいるものではない。だが象山の耳は、かなり大きいけれども、薄くしかも後ろにつくように傾いており、正面からは見ることができなかったのである。

象山の親友三村晴山はかつて、「正面から耳の見えない顔というのは、世の中に名が顕れる相である」と言った。象山自身もまた、時々その耳を撫でながら、「俺の耳は、天下にそして後世に、その名が知られることを物語るものだ」と言って自慢したという。

非常に耳の立っている人は鋭敏であるといわれているけれど、象山の耳はそれとは正反対に、ペッタリと、くっ付いているかと思うほど、後ろに傾いていた。だから正面から撮った写真は、その耳が頬に隠れて見えないのである。

これについて面白いエピソードがある。先年京都の絵草紙屋から、石版刷りの象山の肖像画を、松代の印刷所へ注文してきたことがあった。そこで早速、印刷して送ったところ、間もなくそれを返送してきた。そして、「この肖像には耳がない。世の中に耳のない人間はいないし、いたとしても耳のない人の肖像は売れないだろうから、耳をつけてもらいたい」との言い草であった。なるほど至極もっともにも聞こえるが、今更耳をつけるわけにはいかないと、正面からは耳の見えなかった相貌の特徴を詳しく説明したところ、「そうですか、それならば結構です」と言ってきたという。これは事実あった話であって、決して作り話ではない。

第二章　幼年・青年期

佐久間の神童の誕生

象山の父、佐久間一学は諱を初め国実、後に改めて国善《くによし》、字を之祥《ししょう》と称し、かつその家が神田川のほとりにあったから、それにちなんで淡水あるいは神渓《しんけい》と号した。松代藩に仕えて、わずかに五両五人扶持という小禄ではあったが、元は百石取りの由緒正しい家筋であった。それがこのような微禄となったのは、不幸にしてその血統を相続する者がいなかったために、家名が断絶するに至り、それが藩主の特別のはからいにより、減禄の上再興されたからである。

一学は朴伝《ぼくでん》流剣道の奥義を極め、道場を開いて多くの門弟に教授するほどで、打ち物を取っては家中に並ぶ者なき豪傑であった。のみならず文学の素養もあり、かつ筆跡も見事で、また数学にも長じていた。その気質は豪放磊落《らいらく》とでもいおうか、細かいことに拘泥《こうでい》しない、竹を割ったようなさっぱりした人であったという。

一学は二六歳の時、すなわち天明元年(一七八一)、同藩士相沢治郎右衛門の娘を娶《めと》ったが、不都合のかどがあったので、寛政八年(一七九六)に彼女を離別してしまった(象山が執筆した『神渓佐久間府君年譜』には「寛政七年」とあるが、藩の日記には「寛政八年八月二十五日佐久間一学妻相沢島右衛門妹離縁届出」とあり、したがってこれに従う)。

その後約十年間、一学は独身であったが、文化二年(一八〇五)になると、城北東寺尾村に住む足軽荒井六兵衛の娘まんを、妾として迎え入れた。時に一学はすでに五〇歳、まんは三一歳であった。

まんは、文化八年二月十一日に、玉のような男児を出産した。初めて跡取りをもうけた一学の喜びはたとえようもなく、この子に啓之助という名をつけた。いうまでもなくこれが後に「西に西郷、東に佐久間」と謳われた、幕末の偉人佐久間象山その人である。

「梅檀《せんだん》は双葉より芳《かんば》し」という比喩《ひゆ》の通り、啓之助は生まれながらにすこぶる聡明利発で記憶力に優れ、いわゆる一を聞いて十を悟るという天才児であった。

啓之助の父一学は易学を好んだ。そのため文化五年の夏、観象斎という江戸の易学者が松代に来て易学の指南を始めると、進んでその門人となり、また文化七年には、紀伊出身だという九重游亀（本名山本税之助）という易学者が来て、城下中町の梅田屋に滞在して易学を教えると、これにもついて研究するほどであって、毎晩一度ならず二度三度と易の書物を音読せぬと眠れぬという凝り方であった。

したがって啓之助も、母の懐に抱かれながらこれを耳にする内に、「門前の小僧習わぬ経を読む」というたとえのように、二～三歳の頃にはすでに周易《しゅうえき》の卦《け》の名を、乾為天《けんいてん》から坤為地《こんいち》まで、六四卦間違いなく覚えこんでしまったという。「予、二三歳の時、すでによく耳に六十四卦名を熟誦す」と象山自身が述べているのは、その事実を立証するものということができるであろう。後に象山が易について深遠な学理を研究し、『砲卦《ほうのけ》』のような著述があるのも、決して偶然ではないのである。

このように稀にみる天才児であったから、「佐久間の神童」としてその将来を嘱望せられたのも当然というべきであろう。

三歳で文字を書く

啓之助の天才ぶりについては、もう一つ有名な話がある。それは三歳になった秋のことであったという。母の背に負われて大林寺という禅寺へ参詣に行った。ところがいつしか門前に立っている禁牌《きんぱい》の文字を覚え込み、指先でしきりにそれを乳母の背に書いていた。屋敷へ戻ってから乳母は早速このことを一学に話すと、わずか三歳の子供が誰にも教わらずに、ひとりでに文字を覚えたと聞いて、一学も奇異の感に打たれ、「それは奇妙だ。これ啓之助、その方は字を覚えて帰ったそうな。どれ、どんな字を覚えたかこれへ書いてみよ」と言って筆と紙を与えた。啓之助は喜んで筆を執って紙に向かった。果たして何という字を書くかと、父も母も固唾《かたず》を呑んで紙面を見つめている。啓之助はいささかも躊躇《ちゅうちょ》することなく、墨痕鮮やかに「禁」という字を書き上げてニコニコ顔である。「坊主、でかしたぞ」と、当時松代藩の師範と仰がれた一学も、我が子の筆跡に見ほれて思わず感嘆の声をあげたので、母もまた傍らで、「末頼もしゅうござりまするな」と言って喜びあった。「三歳、字を作りて已に奇と称す」という詩を作ってその天才ぶりを自慢したのは有名な話である。

この話の寺については、恵明寺であるという人と大林寺であると説く人がいて、いまだ定説というものがない。象山の家とはもっとも近い所にある関係からでもあろうか、恵明寺であるという説は古くからあった。しかし近頃、大林寺説が盛んに唱えられるようになった。それは恵明寺の禁牌は「不許葷酒入山門（臭いの強いものや酒を寺へ持ち込んではならない）」なので「禁」の字はなく、その点、「禁葷酒」とある大林寺は都合がよいというのが根拠である。

象山が書いた文字が「禁」ならば、大林寺説がもちろん適当であるが、しかし果たして禁という字を書いたのか、その辺のところがどうもはっきりしないのである。禁字を書いたというのは禁牌の中の文字を書いたという意味であるかもしれない。それが伝わる内に、いつしか禁という字を書いたのだという風に、断定的な話となったと考えられぬこともない。象山の書いた文字が禁という字であるか、それとも禁牌中の他の一字であるかは定かでないので、大林寺と断定的にいうのは少し早計に過ぎるかもしれない。しかし禁という字を書いたという説がもっぱらなので、しばらくその説に従ってこの所では大林寺としたが、疑問の余地のあることはもちろんである。

それから啓之助が乳母の背に負われて行ったというのもいささか眉唾ではある。象山の父一学はわずかに五両五人扶持という小禄の貧乏侍で、乳母を雇うような余裕があったとは思えない。実際、母の母乳が足らぬので、隣家の伊木三郎右衛門正矩の妻の乳をもらったという話もあり、それは乳母がいなかったことを示すのだろう。故に乳母の背に負われて行ったというのはどうも信じられない。

手に負えぬ腕白小僧

母乳が乏しかったばかりでなく気管支炎という持病もあり、啓之助は知能の発達が早い割に、身体の発育がこれに伴わなかった。大事な一人息子のことであるから、一学夫妻はその教育に心を尽くし、四〜五歳の頃から持病も癒え、だんだんと身体の発育が快復してきた。そして六〜七歳の頃にはもはや見違えるほど丈夫となった。「蛇《じゃ》は寸にしてすでに人を呑む（すぐれた人は幼少より普通ではない）」というが、啓之助もその頃から強く荒々しい面が表れるようになり、山野を闊歩《かっぽ》し、高樹によじ登り、千曲川の深淵を泳ぎ回るなどはまだしも、性質がいたって乱暴で喧嘩口論を好み、衣服は常にボロボロ、生傷が絶えなかった。その腕白さ加減はけた外れで、なんとも手に負えぬ小僧であった。

妻女山から槍がふる、佐久間の門から石がふる、石投げ小僧の啓之助、悪戯小僧の啓之助、ヤアイ〳〵、

当時こんな童謡が歌われたというから、その悪童ぶりが知られよう。ところがこの腕白小僧が見事にその鼻柱をへし折られて非を悔いたという面白い話がある。

それは啓之助の八〜九歳頃のある晩秋、同じ長屋に住む清左衛門という老爺が、藩の足軽勤めの片手間に育

て、苦労の末に収穫した籾《もみ》を乾燥のため蓆《むしろ》の上にひろげて置いた。そうしたところへ啓之助が近所の友人数名を誘い、その蓆の上で相撲をとり、たちまち大切な籾は四方八方に散乱するというひどい狼藉に及んだ。この有様を見た清左衛門は大いに憤り、「侍の息子ともあろうものが、こんな分別もない悪戯をするとは何と情けないことでありましょう。こんな有様では到底立派な武士にはなれません。百姓にするようお父上に申し上げましょう」とたしなめた。

もともと啓之助は強情で、負けん気の強い悪戯者ではあったが、しかし決断力もあり、また理解力も持っていた。したがって「武士になれない」という一言が強くその心に響き、深く反省してそれからはこうした悪戯に及ぶことはなかったという。

天然石の硯を拾う

これも同じ頃のことであった。ある日、啓之助は近所の子供と外で遊んでいて、なんとなしに一個の変わった石を拾って家へ持ち帰った。父の一学がこれを見て、「おやッ、これは珍しいものを拾ってきたな」と言ってつくづくその石を熟視しながら、「これは天然石の硯だ。昔、中国の蘇東坡《そとうば》は子供の時に、やはりこのような硯を拾って父の蘇洵《そじゅん》に見せたところ、この子は必ず将来は文章をもって世に知られることになろうと予言した。その通り東坡は後に高名な儒学者となった。それと同様に、天然石の硯をお前が拾ったのは誠にめでたい。この硯は宝物として永く保存するがよかろう」と言って一学は喜び、「それにつけても勉強が肝要だぞ。油断せずに一生懸命勉強せよ」と激励したので、啓之助も喜び勇んで発奮するに至った。

父の一学が予想した通り、啓之助もまた成長すると文章をもって名を成すに至った。後年、象山はこのこ

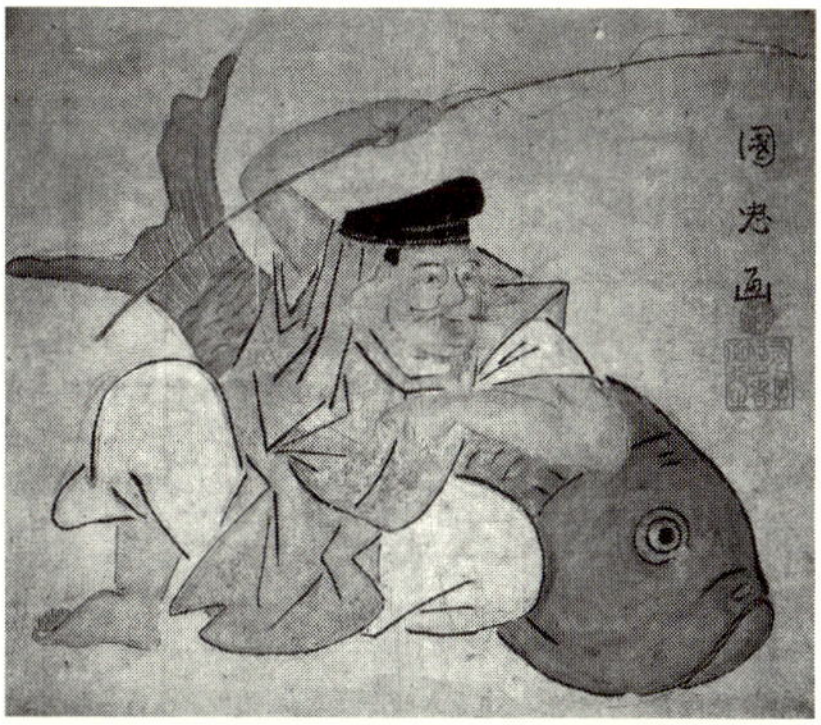

佐久間象山9歳頃の作と伝える恵比寿と鯛の画
（象山神社蔵）

とを思い出し、「蘇東坡は元豊二年、罪に問われて投獄された。かくして家族の者たちと離別していた中に、愛読していた書籍は四散して行方も知れず、また大切に取り置いていた天然石の硯もどこかへ見失ってしまった。そうしたところ四年後、偶然にも書物箱の中からこれを見出したという。自分もまた嘉永七年（一八五四）四月、吉田松陰の事件に連座して江戸伝馬町の獄に投ぜられ、さらに郷里に送られて禁固に処せられたために書籍や器具などの愛用品を多く失ってしまい、天然石の硯も探したが見つからなかった。紛失したものとすっかりあきらめていたところ、これもまた偶然に雑具入れから発見した。どこまでもその運命が東坡に似ていて不思議である」と述べて感慨に堪えぬものがあったという。

腕白小僧の転機

啓之助は藩の馬役竹村七左衛門に馬術の稽古を受けていた。文政六年（一八二三）、一三歳の時、稽古が済んで馬場から家路を急ぐ途中、思いがけず大勢の子供たちを自分の家来のように引き連れてやって来た家老職恩田靫負《ゆげい》の子吉一の一行に出合った。啓之助は普段から、家老の子供であるのを鼻にかけて威張り散らす、高慢な態度が癪《しゃく》に障っていたので、挨拶もせずに素知らぬ顔をしてそのまま行き過ぎようとした。

すると「これ啓之助、なぜ挨拶せぬか、お前は礼儀を知らぬのか。礼儀を知らぬ者は犬畜生にも劣るぞ」と吉一は啓之助の無礼を咎《とが》めた。啓之助は「虎の威をかる狐のように、そう無暗に威張りなさるな。礼儀を知らぬのは、むしろお主ではござらぬか」とやり返したので、吉一は烈火のごとくに憤り、「虎の威をかる狐とは無礼な放言、軽輩者のくせに生意気だぞ。それみんなで殴ってしまえ」と吉一が命じると、一同は総がかりで啓之助に襲いかかった。啓之助も必死に抵抗したが、敵は大勢、味方は一人であるから衆寡敵せず、散々に打ちのめされた。

いかにも残念ではあるが、この場合、腕力では到底敵わぬので、「親父の家老職を笠に着て、威張り散らすから虎の威をかる狐と申したのだ。そんな畜生に物の道理を説いても分かるまい。知らぬならいつでも教えてやるぞ。この間抜けめ」と、口達者にまかせて毒舌を弄《ろう》し、多少なりとも溜飲を下げつつ、破れた衣服を繕い、肩を怒らし悠々と我が家へ帰ってきた。

この様に辱められては相手も黙っていられない。早速、恩田は使いをよこし、その無礼なる放言を詰問してきた。もとより一学にとっては、目の中に入れても痛くないほど、かわいい倅《せがれ》ではあるが、この日頃の傍若無人な振る舞いは悩みの種であった。そこでその傲慢な鼻柱を挫《くじ》くよい機会と考えた。

父は啓之助に「お前は恩田殿の子息に、虎の威をかる狐と呼び、物の道理が分からなかったら教えてやると高言を吐いたそうだが本当か」と尋ねた。啓之助は「はい、親父の家老職を笠に着て、誠に無礼な奴ですので、そう言いきかせてやりました」と答えた。「人の無礼を咎め立てするほどであるから、もちろん恩田殿の子息に礼儀を尽くした上でのことであろうな」と問い詰められた啓之助は、「あんな犬のような奴には礼儀を尽くす必要がないと思います」と言いわけをすると、「人が無礼をするから俺もする。そんな心掛けで人の無礼を咎める資格があるものか。人はどうでも自分だけは正しい道を踏めと聖人は教えておられるではないか」と叱責され、さすがの啓之助も理の当然に返す言葉もなかった。

そして、「少しばかりの学問武芸を鼻にかけて礼儀も心得ず、ただ傲慢をもって押し通そうというのは匹夫の業だ。お前はそれでもなお人を教えることができるというのか」と厳しく諭した。父一学の叱責の言葉は啓之助の身魂にひしひしと響き、さすがに負けず嫌いの啓之助もただ頭を垂れてその罪を謝るより他なかった。一学はその反省の色を見てとったが、あくまでも心を入れ替えさせるため、「これから向こう三ヵ年、家に籠って一心不乱に学問武芸に励むがよい。人に物の道理を教えてやると言った言葉を忘れるな」と謹慎を命じた。「いかにも悪うございました。以後お言葉を守り、決して過ちを再び繰り返さぬことはもちろん、学問武芸に精進し、必ず後世天下に名を揚げるような人物になります」と誓った。

かくして早朝より夜遅くまで、ひたすら文武の道にいそしんだ。もとより明晰な頭脳の持ち主で、非凡なる根気にも恵まれていた啓之助であるので、三ヵ年の謹慎中の猛勉強、猛稽古により、普通の人の十年以上にも増して上達し、もはや学問武芸の一通りを修めて藩中に異彩を放つに至った。ことに周易は父一学、および竹内錫命（藩の儒学者、通称八十五郎）について学び、一五歳の頃には徹夜でその研究に没頭したというほどの勉強ぶりであった。象山《ぞうざん》に獅子松という巨松があった。啓之助はよくその松に寄りかかり瞑想に耽ったという。後々、天下を席巻するその才能がここで養われたというのも面白い因縁である。

母を母と呼べない事情

文政六年（一八二三）、松代藩主真田幸専《ゆきたか》が隠居して幸貫《ゆきつら》が封を継いだ。幸貫は白河藩主松平定信《さだのぶ》の第二子にして、父に劣らぬ賢主であった。佐久間一学の為人《ひととなり》を愛し、翌七年には側右筆《そばゆうひつ》に抜擢するなど重用した。同八年二月二十六日、啓之助は一五歳に達し、元服の礼を行い嫡子に定められた。同藩の記録には次のようにある。

佐久間　一学
同　　啓之助

其方妾腹の男子啓之助、嫡子に仕度旨、願之通被二仰付一之、

（藩日記）

かくして、その年の四月十五日、啓之助は初めて幸貫への拝謁が許された。幸貫はその時から、世の噂に違わず不世出の天才であることを見抜き、将来を嘱望してなにかと目をかけるようになった。

幸貫は磊落な人柄で、時折、二〜三人の家臣のみを伴って内々に一学の道場へ立ち寄った。ある時、啓之助の稽古ぶりを見て、「実に天晴れな太刀筋だ、褒美をとらせよう。望む物はないか」と告げた。啓之助は「誠に冥加至極に存じます。別に望みの品はございませんが、ただ一つ折り入って殿様にお願いの儀がございます」と答えた。啓之助は幼心に深く決するところがあるようで、襟を正し、言葉を謹み、恐る恐る口を開いた。「それはまた改まって何の願いか。遠慮なく申してみよ」と幸貫はにこやかに応じた。「それではお言葉に甘えて申し上げます。私の母は父上の使用人扱いであり、いまだ日陰の身分です。そのため私は母の名を呼び捨てにせねばならず、子として誠に心苦しく感じております。なにとぞ、公然と母と呼べるように仰せ付けて頂きたいのです」と一生懸命に哀願した。

その頃、武家が身分違いの者を直ちに正妻として迎えることは、藩の規定がこれを許さなかった。そのため啓之助の母は、前にもすでに述べたように足軽の娘であったため、父の一学も正妻として迎えることができず、やむなく表向きは妾という名義にしてあったのである。啓之助は深くこれを悲しみ、何とかして日陰の身分から母を解放し、同時に自分も公然と母と呼びたいと思っていたので、藩主に願い出たのである。幸貫は啓之助の心労を不憫《ふびん》に思い、「そうか、それは容易《たやす》いことだ。いずれ機を見て取り計らおう」と仰せられた。

それから間もなくして幸貫は一学の家を訪れ、「啓之助の母はおらぬか。目通りを許すぞ」と仰せられた。一

学は大いに恐縮し、「その者は使用人ですので、お目見えは恐れ多く存じます」と答えたが、重ねて「いや、かまわぬ」と強く命じた。この上は辞することもできないので、一学は妾のまんをお目見えにだした。「その方が啓之助の母か。予は幸貫であるぞ。以後見知り置け」と懇《ねんごろ》な言葉を賜った。

その頃、陪臣の者が藩主にお目通りすることはできなかった。苦労人の幸貫は、啓之助の気持ちを察して破格の処遇を行ったのである。これによってまんは、一学の正妻たる資格を与えられ、同時に啓之助も公然と母と呼ぶことができるようになった。君主の恩のありがたさに親子は涙した。

盟友山寺常山

啓之助の友人に山寺《やまでら》金太郎という少年がいた。頭脳明晰にして学を好み、いわゆる目から鼻へ抜けるような才覚に秀でた逸材であった。その家は竹山町にあったが啓之助の家とは二〜三丁程も離れていないし、歳も金太郎の方が一つ年上で、竹馬の友としてこの二人はとても仲がよかった。藩主幸貫はすぐに金太郎の器量を見抜きその将来に期待をかけた。ある時は近臣の者に向かって、「啓之助と金太郎は、当家臣中でもっとも将来ある駿足である。だが啓之助はちと悍《かん》が強過ぎる難物だ。おそらく予の他には、これを御《ぎょ》し得るものはなかろう。また金太郎は温厚で誠に御し易いようだが、油断のならぬところがあるから、これはよく眼を開いて御さねばならぬ」と語ったという。その言葉の通り、幸貫の没後はうまく象山を御する者がいなかったのである。

金太郎というのは象山・鎌原桐山《かんばらとうざん》とともに、松代藩の三山といわれた山寺常山《じょうざん》のことである。名は初め久道と称し、後に信龍と改めた。字は子彰、通称を後に源太夫といい、常山また懼堂、静修斎、不息軒、使無堂などの雅号があった。一六歳の時に幸貫の近習役となり、監察、普請奉行、世子の守役を勤め、その間、藩主に

山寺常山邸 長屋門（長野市松代町・真田宝物館提供）

従って江戸に赴き、兵学を平山平原に、経義を古賀洞庵に学んで精進したことで、学問のレベルが飛躍的に高まった。ことに詩文は鎌原桐山に学んで堪能で、佐藤一斎、松崎慊堂《まつざきこうどう》、藤田東湖、中村敬宇らと交わってその信頼を受けた。東湖などは、「松代藩の山寺常山は三百藩中でも一、二の益友であり、その人物は佐久間象山よりむしろ上である」とまで激賞したほどである。したがって水戸藩主徳川斉昭《なりあき》にも愛され、その信用と名誉とは遥かに象山を超えるものがあった。

　常山は学者であったが、その性格はむしろ政治家に適しており、寺社奉行、郡奉行《こおりぶぎょう》、側役頭取などを歴任して大いにその才を顕した。けれども郡奉行であった時、収賄《しゅうわい》の罪科で譴責《けんせき》を受けている。幸貫が「よく眼を開いて御さねばならぬ」と指摘していたのは、きっとこの点であろう。

　常山と象山とは兄弟以上の間柄であったが、安政五年（一八五八）上書文のことから、ついに絶交するに至った。しかし常山の象山への信頼が失われることはなく、絶交後であってもその子信炳が象山の門下となることを拒まず、また象山の書簡を整理してその散逸を防いだ。象山もまた絶交したとはいっても、常山を悪く言うこともなく、その子信炳を教育するなど君子の態度を失わなかったという。

学問への情熱 六里の山道を越える

啓之助が父の一学から初めて学問の教授を受けたのは六歳の時であった。それにまた槍剣の術を習ったのみならず、前述のように藩の馬役竹村七左衛門に馬術を学び、さらに水練を河野左盛に、数学を町田源左衛門に、易理を竹内錫命《しゃくめい》に、経義漢文を鎌原桐山に学んだ。さらに禅僧活文《かつもん》に師事して唐音と琴を学習した。

活文は松代藩士森条七の第二子にして字を鳳山、号を絲竹庵といった。幼少より仏門に深く帰依し、一〇歳の時、信州小県郡曹洞宗信定寺の祖眼和尚について剃髪し、後に上州松井田の補陀寺の住職絶海和尚に多年随身したので学業にも秀でていた。二四歳の時に絶海の許を辞し、数百里を独行して長崎に至り、大徳寺の実門禅師について参禅し、そのかたわら三年にわたり清人陳景山孟涣九に唐音を学んだ。そこで江戸へ帰り伊勢国長島藩主増山雪斎《ましやませっさい》について書画を学び、また柴野栗山《しばのりつざん》の門に入って経義を聴き、児玉空《こだまくう》に従って琴を習った後、再び絶海和尚の許へ戻った。けれども間もなく祖眼和尚が亡くなったので、その遺命によって信定寺の董を継いだが、文政二年に小県郡神川村の龍洞院の住職となり、同七年に退院してさらに岩門《いわかど》村大日堂に閑居し、ついで常田村の毘沙門堂に移り、弘化二年(一八四五)五月二十八日、年七一歳をもって死去した。

活文の師絶海和尚は鎌原桐山とは知り合いであった。文化五年(一八〇八)七月絶海は埴科郡小島村満照寺の要請に応じて信州を訪れた時には、松代の活文の生家に宿泊した。活文も絶海に同道し、絶海の使としてしばしば桐山の許に赴いた。この際、桐山は活文と初めて対面したが、その学識を知り、以後、親しく交際するようになった。こうした関係から啓之助もまた活文を知るようになった。

学問に熱心な啓之助は活文和尚について唐音と琴を学ぶことになった。松代と岩門村との間の距離は平坦な道を行くと七里程であるが、山路ならば六里であった。そこで啓之助は地蔵峠の急な坂道を越える最短ルートを用いて活文の許へ往復した。それは数年にわたり、いかに学問芸術への情熱に満ち、また克己心が強かったのかがうかがい知られる。

父一学の死

父の一学は元来頑健な人物であったから、齢《よわい》すでに古希を過ぎても、かくしゃくとしていた。しかし文政十年二月頃から、中風を患うようになり、やむなく翌十一年に隠居した。そのために啓之助は一八歳で家督を継ぐことになった。やがて二一歳の時、藩主幸貫より近習役に抜擢され、もっぱら世子の教育係として勤務に忙しかった。そのため思うように修養ができないので、間もなく御役御免を願い出て許された。

啓之助は強情・頑固な気性で、簡単に人に屈することはなかった。正しいと信じたことは、あくまでもこれを押し通すのが身上で、そのために世の人から疎《うと》まれ、また身に禍を招いたことも少なくない。近習役を免ぜられた翌年、すなわち天保三年(一八三二)三月、幸貫は家臣の武芸を上覧した。啓之助はこの時、藩命により父一学の門弟名簿を書いて提出したが、その書き方に不備があるので、直して差し出すようにと藩老より命じられた。ところが啓之助はその必要がないと主張して藩老の命令を拒んだ。このことが藩主の耳に達し、長老に対して不遜であるという理由で、四月二十一日付をもって閉門が命じられた。

閉門中に父一学の中風の症状は徐々に重くなった。啓之助はその性質が傲慢であったにもかかわらず、両親に対しては誠に従順で、世にいう孝行息子であった。そのため父の病を憂慮し看護に手を尽くしたが、かつては頑強を誇った一学も病には勝てず、日増しに衰弱するばかりで、余命幾ばくもない状況となった。そこで藩では、八月十七日付をもって閉門を解くことになった。これは藩が啓之助の孝心に感じ、充分に看護させようという配慮からである。

けれども閉門赦免を喜ぶ間もなく、秋風冷ややかに木の葉をゆるがす八月二十日の明け方、我が子の前途に多大の望みを託しながら、一学は七七歳を一期として眠るように往生を遂げた。人の世のならいとはいえ、何とも悲しく痛ましいことである。さすがの象山も思わずはらはらと熱い涙をその遺骸の上にこぼして、しばらくの間は魂の抜けた人のごとくただ呆然としていた。しかしいつまでもそうしていることもできず、気を取りなおし菩提寺である御安町の蓮乗寺へこれを葬った。野《の》辺《べ》送《おく》りも滞りなくすませて家へ帰れば、気のせいか垣根の虫の音も、父恋し父恋しと啼くように思われて、また哀しみがこみ上げてきた。昨日まで奥の間から漏れてきた咳の声も今宵は聞こえず、「啓之助」と呼ぶ懐かしい人影もなく、ただ線香の煙のみが、ユラユラとして静かに立ち上るのも悲しく、とめどもなく頬を伝って流れ落ちるのは熱湯のような涙ばかりであった。いくら泣いて嘆いても、父一学は生きて還るわけもなく、何事も宿世の因縁だとあきらめて喪中は家に籠もって「死に仕うること生に仕うるがごとく」よく供養を尽くしたので、皆その孝心の深さに感心した。

江戸の儒学者を追い返す

象山は一六歳から二三歳まで実に八ヵ年の永い間、鎌原桐山の教えを受け、もっとも多くの感化を与えられた。桐山は初名を子斎、後に子恕といった。通称は初め伯耆、後に石見と改め桐山はその号である。しかし晩年にはこれを名とした。藩の名門にして家老職を勤め、藩主幸弘《ゆきひろ》、幸専、幸貫の三代に仕えて大いに藩政に貢献した。その師佐藤一斎が「文芸武技無レ所レ不レ学、騎射刀槊皆極二其奥一」と評したように、文武に秀でて特に経学と詩文は傑出した才能を顕し、この時代を代表する碩学であった。桐山は早くから象山の将来に期待し、

「行く末の楽しみなのは啓之助だ。今にきっと天下に名を揚げるであろう」といい、特にかわいがって目をかけた。それでなくとも頭のよい象山のことであるから、めきめきと学問が上達し、二〇歳の頃には、ともすると師の桐山さえやり込めるほどの学力が備わった。

藩主幸貫は賢明にしてよく人を用い、天保四年の秋、江戸の儒者長野豊山に禄を与えて藩士に経義を講じさせた。これは山寺常山の推挙によるという。豊山は初め竹山町の御用地（後に片岡源左衛門の屋敷となる）に住居し、同年八月二日、家老職河原綱徳の邸を借り、その表書院で『孟子』の講義をした。その弁舌は巧みであったが、音声はしわ枯れて軍談のようで、大変に聞きづらかったと、講義を聞いた綱徳は評している。

その時豊山は、『孟子』養気の章に「敢問夫子悪乎長、曰、我知レ言、我善養二吾浩然之気一、敢問何謂二浩然之気一、曰、難レ言也」とある所を説いた。そして「吾」「我」の字義を解釈して、「我は泛にして吾は切。我は軽にして吾は重。古人の使用するところは皆そうであって、これが定論となっている。よって考えるに浩然の気なるものは、常人の皆有するものではなく、孟子の独り有するところである」と説いた。常山からこれを聞き知った象山は、見当違いの議論に呆れ果てて憤った。「長野豊山といえば江戸でも少しは知られた儒者であるから、きっとすばらしい学説を持っていると思ったのに、なんという誤説を吐く人であろうか。このような役に立たない儒者へ多くの俸禄を与え、藩の学政に関与させるのは危険この上ないことで、さらには我が藩に人がないのかとあなどられるだろう。藩の面目のためにも黙っていられようか」と称し、一編の反論文を起草してこれを豊山に示した。

つまり豊山は「吾」「我」の字義の解釈を誤った結果として、『孟子』のいわゆる「浩然の気」の解釈も妥当を欠いたのである。象山は一々その誤謬《ごびゅう》を指摘し、さまざまな文献を引用し痛烈な筆鋒《ひっぽう》をもって仮借なく論破した。象山の議論は正しかったので、豊山は狼狽《ろうばい》して返答に窮した。その時、象山はわずかに二三歳の青年であった。

豊山は伊予国松山藩の湊町船役人の子にして、通称友太郎、諱は確、豊山はその号である。一七歳の時、大坂に出て中井竹山の門に入り、その後、江戸において尾藤良助について学び、やがて儒者として名声を得た。林鶴梁《はやしかくりょう》、藤森天山の二人はその門下の中の筆頭である。豊山が松代に来たのは、五一歳の時で、老熟の域に達していたにもかかわらず、名もなき年若い一書生にその学説の誤りを指摘されて答えることができなかった以上、もはやそこに長く踏みとどまっているわけにはゆかなかった。したがって、松代にわずか百余日いただけで、早々に逃げ出してしまった。もって象山の学識が、その当時、すでに尋常でなかったことがうかがわれる。

第三章　江戸遊学期

江戸での学問修業 師佐藤一斎の講義を断る

象山は若くして大志を抱いたので、わずかばかりの成功に甘んずるようなケチ臭い考えは初めからなかった。そのため天保二年春、幸貫の近習役を命ぜられたが、わずか二ヵ月ばかり勤めただけでこれを辞し、学問修業のため江戸へ行くことの許可を願い出た。藩主幸貫は快くその願いを許し、学資は特別に御手許金の中から支給されることになった。

松代藩は数百年来、武をもってその名を四方に響かせており、それまで武芸修業のために暇を願い出た者はあったが、学問修業のために暇を願った者はかつてなく、これは象山が初めてであった。象山は藩主の恩に感泣しながら、笈《おい》を負って故郷に別れを告げ、江戸の人となったのは天保四年の冬、時に年二三歳であった。

象山は鎌原桐山の斡旋《あっせん》によって佐藤一斎に入門した。当時江戸には碩学儒学者が大変多かったが、その中にあって一斎は経学文章では並ぶ者がいないと称せられていた。そのため天下の英才はこの門を叩かぬを恥とした位であったから、俊才逸足の士が雲のごとくに集まった。けれどもその頭脳は明晰で、学問へ取り組む姿勢の厳しさで象山の右に出る者はなく、ついには山田方谷《ほうこく》とともに門下の二傑といわれた。

林羅山《はやしらざん》が朱子学を興《おこ》して以来、林家《りんけ》の学はすなわち徳川幕府の学問となり、徳川幕府の学問はすなわち林家の学問となった。林家の塾長である一斎は程朱《ていしゅ》の学を宗とするのは当然であるが、内心は朱子の学説ではなく、密かに王陽明《おうようめい》の学説に傾倒していった。そのため程朱の学を講じながらも、ともすれば王陽明の学説に流れてゆく傾向があった。要するに湯島聖堂のおきてに従って表面上は朱説を説くと称しながらも、その実は王陽明の説を鼓吹していたわけである。

これに反して象山は純粋な朱子学者で、陽明学を非常に嫌っていた。このため天保八年に大塩平八郎が乱を起こすや、これを陽明学が原因だとし、その学問の弊害を説き正しい学問の必要を力説したほどで、徹頭徹尾、程朱の学をもって正統としたので、一斎の説とは相容れない点が少なくなかった。そこで、「竹刀《しない》の上には君臣がない。したがって藩主であろうとも勝ちを譲るべきではない。それと同様に道理の上に師弟はない。学説が違っている以上は、たとえ師であっても服従することはできない」と称し、一斎の説に反対して一歩も譲らなかった。そればかりではなく、「陽明学は国に害を及ぼすから極力排斥すべきです。よってこれからは経学について先生からご教授を受けたくはございません。なにとぞ文章詩賦《しふ》だけを教えて頂きたい」と一斎に断りを入れ、以後は経書の講義には出席しなかったという。

まだ二〇歳をいくらも超えていない田舎出の青年が、天下の大儒学者に対して思いのままに議論を仕掛けた、その意気は誠に痛快といわねばならぬ。これは象山の朱子学への造詣の深さを物語るもので、その見識が卓逸し、高い志があったことが知られる。このように経学においては、もとより一斎の学風に服すことはなかったが、その文章に至っては深く心服していた。

ある人が象山に向かって、「本邦における近世詩文の大家というのは誰でありましょうか」と尋ねたところ、「詩は菅茶山《かんちゃざん》、文は佐藤一斎」と答え、この両人は日本開闢《かいびゃく》以来の大家であると断言したという。象山は豪快で思慮深く、みだりに人を称賛しなかった。けれども両人を称賛するに開闢以来の大家と評した点から考えても、いかに心酔していたかを知ることができる。

林鶴梁との論戦

松代藩の侍医に渋谷修軒という人がいた。佐藤一斎の門人で、名は碧、字は酒侯、号を竹栖といい、有名な能書家で、かつ詩文をよくし渡辺崋山《わたなべかざん》、藤田東湖、林鶴梁らの諸名士と親交を結ぶ立派な人物であった。象山もこれを慕い、修軒もまた弟のように象山の面倒をみていた。この修軒が象山の江戸遊学を知り、ある日、林鶴梁を訪ね、「松代藩に佐久間啓之助という若者がいる。幼少より神童と呼ばれている非常に頭脳明晰な男であり、藩主にも寵愛されている。それが近く修学のために江戸へ出て、一斎先生の門に入ることになった。来たらよろしく引き立ててもらいたい。だがややもすると傲慢なところがあるので、そのうち機会があったら、将来のためにその鼻柱を挫いてもらいたい」と頼んだ。鶴梁はかつて長野豊山の塾で、藤森天山とともに塾頭を勤めたことがあり、その学問と人物は師の豊山よりも遥かに上であった。

「よろしい。お引き受けします」と修軒の頼みを二つ返事で鶴梁は承諾した。それは師の豊山が『孟子』の吾我の議論で手ひどく象山に辱められているので、その仕返しをしてやろうという魂胆があってのことだった。修軒はそんなこととは気がつかないので、「何分よろしく頼む」と言って辞去した。

それから間もなく象山は、江戸へ出てきて一斎の門に入った。世話好きな修軒は、早速、象山を鶴梁の許へ連れていって紹介した。ところが議論好きの象山は初対面の挨拶のまだ終わらぬ内に、鶴梁に議論を吹きかけた。「ならば相手になろう」とばかりに、鶴梁はこれに応じて盛んに論戦を闘わせた。修軒の頼みもあり、また師匠豊山の怨みを晴らすという目的もあって、懸命に論破に努めた結果、なんとか象山をやりこめていささか溜飲を下げた。ところが象山は負ければ負けるほど激昂し、さらに論法を変えて挑戦し執拗《しつよう》に攻撃した。この礼を欠いた野人のような振る舞いには、さすがの鶴梁も堪忍袋の緒が切れ、初対面でありながら絶交を宣告してしまった。

その頃、鶴梁は幸貫に目をかけてもらっていて、しばしば松代藩邸に出入りし、時に経書を講義した。鶴梁の邸宅は梅林中にあったので、幸貫は梅花深慮の四大字の額を揮毫《きごう》し与えた。よって梅花深慮の塾と称した。象山に絶交を宣告して間もないある日、鶴梁は藤田東湖、安井息軒《やすいそっけん》、塩谷宕陰《しおのやとういん》、羽倉簡堂《はくらかんどう》ら当時、すでに名声を得ていた碩学を招き、梅花深慮の塾において輪講の会を催した。

学問に熱心な象山は修軒からそのことを聞き、ぜひともその会へ出席したいと思った。思ったが最後、矢も盾もたまらず、鶴梁から絶交を宣告されたことなどはすっかり忘れてしまったような顔をして、「拙者もお仲間に加えて頂きたい」と、案内もなく鶴梁の家へ押しかけていった。一座の者は一面識もない人が突然入ってきたので驚き、ただ顔を見合わせていた。鶴梁は絶交を申し渡したはずなのに、許しもなく入ってきたので呆れ果てたが、自分が主人役でもあり、喧嘩騒動になって場を乱すのも不都合なので、「先頃信州松代から出てきて、佐藤一斎先生の門人となられた佐久間啓之助殿でござる」と紹介したので、そのまま座に連なることができた。

鶴梁は象山の押しの強さに舌を巻き、後に修軒に向かって、「佐久間は到底畳の上では死ねぬ男だ」と評したという。その後、象山は開国論を主張したが、鶴梁は攘夷を説いたので意見が合わなかった。ただし、鶴梁も象山の博識能文は認めており、ある時、幸貫の墓誌銘を見て、「佐久間は博識能文の士とは知っていたが、しかしこれほどの文章が書けるとは……。これは後世に伝うべき名文である」と口を極めてその文章を激賞したという。

勉強を抵当に借金

象山の家はわずかに五両五人扶持という小禄であったから、家計が豊かであろうはずがない。特別のはからいで藩主の御手許金で江戸へ文学修業に出ることになったが、出発の準備に要する諸費用が不足して頭を痛めた。そこでやむなく藩老矢沢監物《けんもつ》に次のような証書を入れて金を借りた。

覚

金七両也

右は私儀江府へ罷出、文学修業仕度奉レ願候所、早速被二仰付一候得共、従来勝手向不如意に付、入料にも差支候義にて御座候を以、無二余儀一御無心申上候所、早速御聞済被レ成候て、殊に無利息に被二成下一、金子慥に落手仕千万難レ有深感銘仕候義にて御座候、併私修行之為之故に箇様の御深恵をも被二成下一候義にて御座候得ば、自然私修業半途に怠惰を生じ、学術成就不レ仕候義も御座候はゞ、右之金子に利分御畳込被二成下一、私頂戴物之内を以て、厳敷御取立被二成下一候様奉レ希候、為レ念如レ是に御座候、以上、

天保四年癸巳十一月

佐久間啓之助（印）

矢沢監物殿

学問修業のための金を無利息で貸して頂いて誠にありがたい。この上はもし半途にして怠惰の心が生じ、学業を成就することができなかったならば、利息を加算して私の家禄から厳重に取り立てて下さいというのである。修業に当たっての象山の真摯《しんし》な態度がうかがわれる。

さて江戸では佐藤一斎の門に入ったが、年間一八両の金では暮らせない。赤字を埋めるために重ねて矢沢藩老から借金しなければならなかった。その時の証書はさらにユニークなものであった。

覚

金拾両也

右は文学修業中、差困候義御座候付、御無心申上候所、以二厚御情誼一御恵借被二成下一、千万難レ有奉二感謝一候、万一修行怠惰放恣に流候義も御座候はゞ、早速厳重に御所置被レ下候様願上候、為二後日一如レ斯御座候、以上、

天保甲午五月　　佐久間啓之助（印）

矢沢監物様

右はつまり勉強を抵当として金を借りたわけである。このような証書を入れた者は、天下広しといえどもおそらくは象山のみではないか。

とんだ濡れ衣

象山は音楽が好きで、特に琴を嗜《たしな》んだ。かつて禅僧活文について唐音を学んだが、その際、同人からまた琴の指南も受けた。藩の儒者竹内錫命がそれを耳にして眉をひそめ、「男子が琴の稽古をするとはけしからん。それは婦女子のなすべきことだ。即刻おやめなさい」と忠告した。しかし象山は笑いながら、「諸葛孔明《しょかつこうめい》や陶淵《とうえん》明《めい》も琴を弾いたそうです。『英雄の胸中自ずから閑日月あり』で、これ位の余裕がなければ大人物になれません」と言って従わなかったという。

初めて江戸へ遊学した時、詩人梁川星巌の紹介により、旗本仁木三岳《にきさんがく》について、さらに琴曲を習うこと三ヵ

年、三〇余の曲目を修めてその奥義を伝授された。三岳は諱を守昌、字を天福、通称を甚五兵衛と称し、活文と同じく児玉空について琴を学び、当時江戸においては琴曲の大家として知られていた人である。

象山は天保六年(一八三五)の暮、苦学の労が実って御城付月次《つきなみ》講釈助を命じられ、翌七年の二月、晴々と帰郷した。そして浦町の自邸で後進の指導に当たった。

同藩の藩士飯島紀郷《いいじまのりさと》の妻なかは琴曲の妙手であり、象山は藩の師弟に経義文章を教える傍ら、暇を見ては時折なかを訪れて琴の指導を受けた。当時、紀郷は江戸詰で、その留守中にたまたま誤って火災を起こした。幸いにしてわずかに寝具を焼いたのみで消し止めたが、気の小さいなかはショックで精神に異常をきたし、象山との間に人道に背く関係でもあるようなことを口にするようになった。

男女の問題はとかく大げさに伝えられがちである。たとえ事実無根のことまでも、まことしやかに囃《はや》し立てられるのが常であるから、なかの口走ったことが、そのまま一笑にふされてしまうはずがない。象山より一〇歳もの年長ではあるが、美人の聞こえがあり、しかも若造りのなかの許へ、琴の稽古にしげしげと通うのを見て、何かあるのではないかと、みな興味深々であったこともあり、やっかみ半分にこのスキャンダルが世間に広まり、城下町の話題を賑わすに至った。そしてついには、

佐久間啓之助とかけてなんととく、腹帯ととく、心はおなかをしめる。

という謎かけまでできるほどであったから、いつしかそれは江戸の夫紀郷の耳にまではいってしまった。

紀郷は後に名を敬喜《たかよし》と改めた飯島楠左衛門のことで、松代藩の兵学者であった。立派な人物であったので精神を病んだ妻の言葉を、そのまま信じるような思慮の浅い人物ではなかったが、あまりに世間がうるさいので黙ってもいられず、象山にやや詰問的な書状を出した。象山は「私が琴を好むのあまりに、貴殿のご不在中に度々

参邸して、奥方より琴を習ったのは事実である。梨下《りか》の冠《かんむり》、瓜田《かでん》の沓《くつ》という世のいましめを破った点は、軽率のそしりを免れられぬが、まったくやましいところはない。かつて酒好きの阮公《げんこう》は、隣家の婦人が酒屋を開いているので、その婦人に酌をしてもらって泥酔し、前後不覚の態となって婦人の傍らで眠ったために、その夫に疑われて迷惑したというが、まったくそれと同じである」という意味の弁解状を送った。誠にとんだ濡れ衣を着せられたものである。さすがの象山もこれには当惑した。

象山は古琴一張を所蔵して、これを愛用していた。安政元年（一八五四）、吉田松陰の事件に連座して蟄居を命ぜられた時、その琴を友人の渋谷修軒に預けた。蟄居が赦免となり修軒に託した琴を見てみると、九年の永い日数がたっているのにもかかわらず、琴の手入れがよく行き届き、少しの損所もなく、かつて自分が座右に置いた当時のままの妙音を発するではないか。象山は非常に喜んで、左の二首を贈って修軒に謝意を表した。

託庇九年情有レ余　愛蔵保護一同レ余　還来絃軫皆無レ恙　更喜瓊瑤転粲如

興レ琴相別九霜経　不レ揆今秋逢有レ情　転診掃徽頻上レ膝　琅々可レ愛旧時声

象山に『琴録』および『琴興十首』の創作のある他、左記のような今様琴歌《いまようことうた》の詠がある。国事を憂いて日々予断のなかった象山ではあったが、その胸中にも風月を楽しむ余裕のあったことを知るべきである。

今様琴歌

萩の葉そよぐ風の音、千草にすだく虫の音、月の影さへ澄みわたる、秋こそあはれなりけれ、波にたゞよふ月かげの、雲間をてらすいかづちか、目もあやにかきならす、面白の琴うたの手、松に吹入る秋風か、谷間にむせぶしみづかと、心もすみてきこゆる、琴の音ぞあやしき、あだし野のならひか、定めなき世の

ことわりか、いくかもあらぬ花ざかり、うたてもふれる春雨、

飢餓の民を救う

松代城跡（真田宝物館提供）

天保七年は春から降雨が多く、かつ冷害のために農作物の実入りが悪かった。そこで松代の領内も食料が欠乏し、その日の糧《かて》に苦しむ者が少なくなかった。それにもかかわらず藩の役人たちは飢餓への救済策を打ち出さず、ただ傍観するのみであった。元来血の気の多い象山は、その無能ぶりを見て黙っていられず、藩の倉庫を開いて窮民を救うべきと献策した。ところがその倉庫の中も、実は備蓄は極めて乏しく、象山の説を容れることができなかったのである。

象山もその事情は分かったが、だからといって放置はできない。そこで町の富豪にして藩のお出入りの商人である八田嘉右衛門を口説いて藩に金穀を献上させ、藩の名義で困窮者に米塩などの食料品を配給して飢餓を救った。この時に施しを受けた者は、一日に二千人にも達し、総計では幾万人もが救済されたのである。

八田の名前で救済させることは容易だが、それでは八田の善行は顕れるものの、それにより藩の面目は丸潰れとなって威信を失墜するであろう。それよりも八田に金穀を藩へ献上させ、それを用いて藩の名

義で救済すれば藩の徳政も顕れ、また八田の隠徳も自然と判明し、一挙両得の妙案であると象山は考えた。この結果、思惑通りに藩も救世主として威厳を保ち、八田もまた藩からその功を賞されて面目を施した。

翌年もなお凶作が続いたために物価が暴騰した。そこで貧困者はいよいよ窮迫し、累々と餓死者が道に横たわるといった惨状に至った。大坂では町奉行の跡部山城守が、飢餓に苦しんでいる人民に同情しないのに憤慨し、ついに大塩平八郎が不平のあまりに乱を起こした。平八郎は陽明学者であり、その学識才能は天下に広く認められていた。それほどの人物であるにもかかわらず、乱を起こすに至ったのは、つまりは陽明学そのものがよくないからで、国家を治めるにはどうしても朱子学を盛んにしなければならないと痛感し、ついに家老職矢沢監物に学政意見書を提出した。

当時、松代藩の風俗は非常に退廃していたので、士気も衰えて振るわなかった。これは学政の根本がしっかりしないからで、学校を創設して学問を盛んにすべきだと説いた。卓見ではあったが大飢饉の直後で、藩の財政がこれを許さぬために、その提案も実現には至らなかった。しかしこの時蒔いた種は、後年、松代藩文武学校の創立となって発芽した。

黄檗宗の僧末山に古賦を学ぶ

天保九年の春、黄檗《おうばく》僧末山《まつざん》が城下恵明寺《えみょうじ》へ来訪した。これは同寺の創設者良寂禅師《りょうじゃくぜんじ》の百五十年忌法要の大導師として招かれたのである。末山は長崎興福寺の住職で、詩賦・書道に勝れている学僧であった。末山は法要の後は、恵明寺の末寺の般若寺の客となり、悠々《ゆうゆう》としてそこに滞在していた。般若寺の住職冲天和尚は象山の義理の祖父に当たる人で、元は立派な武士であったが、深く仏門に帰依し、壮年にして僧侶となった。それ故、文武両道に達し大変気概のある人物で、象山とはよく気が合った。

　ある日のこと、末山、冲天の両和尚が連れ立って恵明寺に行こうとすると、たまたま小林森之丞の家の前を通りかかった。小林は藩の家老職矢沢監物の用人を勤める裕福な者であり、この日、二十五日は天神の祭日で、ある部落の者たちが小林の家へ寄り集まり、神酒《みき》を飲んで唄い踊り大変な賑わいであった。その乱痴気《らんちき》騒ぎを見るべく、また人が群集していたので、磊落な両僧も庭に立ってそれを面白そうに見物していた。目ざとくこれを見つけた小林は、これは珍客であるとばかりに、強引に両僧を座敷に招き入れて酒食を饗応した。もとより酒好きで、勧められるままに飲んで、ついにはすっかり酩酊してしまった。この時末山が、「般若寺よりもこの家の方が居心地がよさそうだ。今夜から泊めてもらおうか」と言った。小林はこの言葉を聞いて大いに喜び、「貴僧さえよろしかったら、幾月でも御逗留下さい」と答えたので、とうとうそのまま小林の家の厄介になってしまった。

　同家では請われるままに詩を賦し、毫を揮《ふる》い、また仏書の講義をした。講義には藩士なども多数列席して盛況を極めた。この時、象山も講義を聞いてその知識の深さを知り、詩の添削を願うなど大いに得るところがあった。

閲㆓象山与長崎沙門末山唱和詩㆒卒次其韻

偶誦㆓新詩㆒心頓澄、洒然優㆑読㆓仏家乗㆒、豊顔縫掖真儒者、円首華言是梵僧、
四海弥大如㆓影響㆒、士龍鳴鶴互降升、老身徒羨盧山興、奈㆑嫩㆓苔蹊穿屐登㆒、

藩の碩学鎌原桐山がこのように推賞しており、いかに末山が詩人として優れていたかがうかがわれる。

この末山がまた象山の才能を認め、特に古賦《こふ》の作法を説き、自ら『款冬賦《かんとうふ》』を作って示すなど懇切に指導す

るところがあった。象山が古賦の体を得て、後にものした『望岳賦《ぼうがくふ》』あるいは『桜賦《さくらのふ》』など古今の傑作は、まったくこの僧に学んだ賜物であるといえよう。

再度の江戸遊学　故郷の母への想い

象山は藩の月次講釈助を命じられ、学問所頭取の林単山を助けてもっぱら藩の子弟に文学と武芸を教授していた。しかし、そんなことで一生を安逸に送るようなケチ臭い考えは持っていなかったので、天保八年には遊学のために再び江戸へ行きたいと願い出た。しかし今度は許されず、ようやく翌九年の十一月五日になって、

無役　佐久間啓之助

学問修業願出、出府に付、月次講釈助御免被㆓成下㆒候、是迄出精罷在相勤候付、銀一枚被㆓下置㆒之、

という辞令が交付されて、再遊の願いが許可された。そこで翌十年の二月十二日に出発することとなり、その際、母は城下のはずれまで我が子を見送り、離別に臨んで、「お前に申し聞かせておくことがある。学問を修むべく郷里を出発する以上、これからは何よりもまず真面目でなければいけない。そしてどんな困苦に陥っても、決して屈することなく、智識を広め、徳を磨き、万人に勝れた人物になりなさい。よくこの母の言うことを守ってくれるなら、たとえ千里の遠くにあっても、母のそばで孝養を尽くしてくれるのと少しも変わりがない。もし不真面目、不勉強で一流になれないようならば、どれほど母を養い、扶助してくれても、決して喜ぶことはない。そのつもりで勉強に励み立派な人物になっておくれ。万一この約束に違うようなら、その時は我

が子と思わぬ。また親とも思ってくれるな」と訓戒したという。孟子の母にも劣らぬ女丈夫の言といわねばならない。

日晷一移、千載無二再来之今一、形神既離、万古無二再生之我一、学芸事業、豈可二悠々一、

象山はこう言って母の訓戒をよく守り、出府後は余念なく学芸に励んだ。

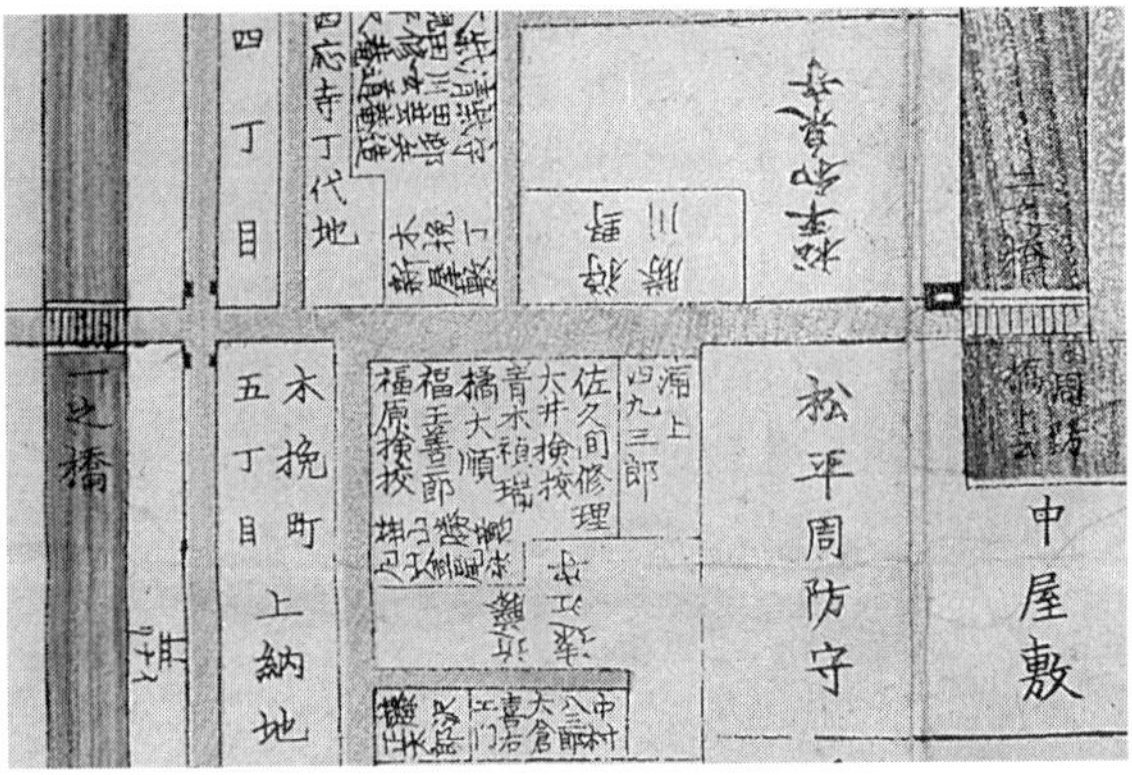

木挽町象山邸(京橋南芝口橋築地鉄砲洲辺絵図・三井文庫蔵)

象山はとても親思いで、雨につけ風につけ思い出されるのは母のことであった。山河遠く離れていては、思うように孝養ができないので、なるべく早く江戸へ呼び迎えたいと考え、度々それを申し送ったが、母は故郷を離れる気がないようで、どうしてもこれを聞き入れないので、やむなくそのままに過ごしていた。

そうしたところ、天保十四年の春、母が病を得たことを郷里から出府してきた人に知らされた。軽症なので心配ないとは言われたが、父亡き後の寂しい我が家に、一人残してきた母の病気のことを考えると、象山は気になってよく眠れなかった。思い切って国へ帰り看病しようと決心すると、矢も盾もたまらず、四月十一日にわかに旅の用意をして江戸を出発し、ほとんど昼夜なく急いで家へ帰ったところ、母の病気は本当に軽かったようで、すでに全快していた。

象山の帰省が徒労となったことを喜ぶと、母もまた、はるばる心配して来てくれた息子の心根を嬉しく思い、いそいそと積もる話をしていた

ところへ、日頃より親しくしている山寺常山が、象山の帰省したことを聞いて、鮮魚と筍を届けてくれた。またそこへ藩医北山林翁に嫁していた姉のお慶が息子の安世を連れてやって来た。かくして親族四人が常山からの贈物を肴《さかな》に、時を忘れて歓談した。象山はそれを詩に作って常山に謝した。その中に「人生得二此楽一、王公安足レ匹」とあるが、これをみても象山がいかに、一家団欒《だんらん》の楽しい時間を過ごしたかが知られるだろう。

このこと以来、遠く隔てられては充分に孝養が尽くせぬことを痛切に感じ、その後、木挽町に住居するようになってからは、母を江戸へ招いてその面倒をみた。けれども安政元年、吉田松陰の事件に連座し、ついに伝馬町の牢屋に入れられたため、母ともまたしばらく別れねばならなかった。『省諐録』に、

身雖レ在二囹圄一、心無二愧怍一、自覚二方寸虚明一、不レ異二平日一、人心之霊、与二天地一上下同流、夷狄患難、累レ他不レ得、亦可レ験也、惟北闈年満二八十一、飲食座臥、非レ予不レ安、自二予逮繫一、音問不レ通、動静不レ知、其憂慮苦悶、当二如何一哉、一念及レ之、尤難レ為レ情、然亦以レ理排遣、不レ至レ累レ心、

と記し、またホトトギスの鳴き声を聞いて、

をちこちになくほととぎす人ならば　母のみことにことづてましを

と詠んでいる。獄中に独座し母を思う情がいかばかりであったか、涙なしには読めない。

その後、文久元年（一八六一）八月七日、母は八七歳の高齢をもって没した。孝心の篤い象山は、自分に蟄居の赦免が下りないまま逝ってしまったことを、深く遺憾《いかん》とし、せめて篤く葬ろうとしたが、藩では、「罪人の家族であるから、人並みの葬儀は許されない。深夜に密かに埋葬せよ」と命じて許さなかった。「葬儀は人道の

重大事である。ことに親であるならば、その葬礼を鄭重に行うのは子の役目であろう」と陳述したけれども、ついに許されなかった。象山は心ならずも質素な葬式を営み、遺骸は城南西条村の黄檗宗般若寺へ埋め「平ノ啓ノ母ノ遺骸ヲコ、ニ埋ム」と墓誌し、喪中『喪礼私説《そうれいしせつ》』を著した。これもまた象山の孝心の表れであろう。

一斎門下の一番の俊才 江戸での名声

象山が再び出府した年、すなわち天保十年五月十四日、渡辺崋山は江戸町奉行鳥居忠耀《とりいただてる》によって投獄されてしまった。象山は天保四年、初めて江戸へ遊学した当時から崋山と付き合いがあり、親密な関係であったので、崋山の災いを悲しんでなにかと奔走したが、結局徒労に終わってしまった。

その翌月一日、象山は神田阿玉池《おたまがいけ》（於玉ヶ池）のほとりに居を定め「象山書院」という学塾を開いた。阿玉池というのは現今の神田松枝町（千代田区神田岩本町）を中心とした付近一帯の総称で、昔は今の上野不忍池よりもずっと大きな池があり、その周りには桜や柳の木がたくさん植えてあって、かつてはとても趣のある場所であったという。しかし明暦の大火以後、段々に池が埋め立てられ、象山の居住した頃にはすでに昔の面影を見ることはできなかった。それでもまだ小さな池が残っており、柳も五本ばかりあったので、象山はその学塾を「五柳精舎《しょうじゃ》」とも呼んで、門人に経書詩文の講義をし、また一方では佐藤一斎の門に出入りして研鑽を怠らなかった。

当時、江戸には経学の大家として一斎と肩を並べる学者に松崎慊堂《まつざきこうどう》がおり、その他、安井息軒《やすいそっけん》、塩谷宕陰《しおのやとういん》、大槻磐渓《おおつきばんけい》、芳野金陵《よしのきんりょう》、羽倉簡堂《はくらかんどう》などがおり、いずれも堂々たる門戸を張っていた。象山はこれら諸名士の門を叩いてみたが、一斎と慊堂の他には、自分から頭を下げて教えを乞うような人物は見当たらなかった。そこで同年九月十九日、松代藩士綿貫新兵衛に「今度、江戸へ出できて以来、正学再興のために所を嫌わず、人に聞くに従って訪ねてみたけれども、江戸が広いといっても自分が心服するような人も今のところ見当たってはいない」という手紙を送って気炎を揚げている。

やがて一斎門下の俊足として、象山の名は江戸中に広まっていった。このため全国から象山との交わりを求めて訪れる者も多く、門生も次第に増加し、翌十一年の春に出版された江戸名家一覧表には早くも象山の名が載せられ、いよいよ象山はその自負心を高めた。

今春板行之江戸名家一覧表と申小冊到来仕候所、其内既に賤名をも録し有レ之候、不レ勝二一咲一風と出来仕候故三絶句を口占仕候、御一粲に奉レ供痛く御斧正奉レ冀候、尤此小冊儒者のみを集め候には無二御座一候、詩歌連俳書画技芸之類迄至て広く集め候故、総計にては千余名之人数に御座候、詩中万余指と申候は此義に御座候、

有下人恵中今春所二刷印一記二都下諸名家字号一冊子上、閲レ之、賤名亦収在二其中一、

戯題二三詩一、

都門税レ駕未二周歳一、好事小書伝二姓名一、堪レ咲撰人籠絡広、不レ分三燕石与二連城一、一張清琴万巻書、従容自適見二真腴一、假饒流俗咲二迂闊一、不レ害人間一丈夫、不レ好二功名一不レ近レ財、吟レ風弄レ月号二生涯一、巻中英俊万餘指、誰与二象山一同二此懐一、

右は郷里にある鎌原桐山に象山が送った書簡である。「不レ勝二一咲一」と言ってはいるが、内心得意であったことがうかがわれる。桐山は右の詩に左のごとく次韻《じいん》(同じ韻字で作詩すること)した。

象山寄下示閲三今春新刷都下名家一覧表中収二入自巳字号一戯題詩上次レ韻貽レ之、三首、

都門月旦評難レ信、朱博翰音多売レ名、誰識千林万木裡、棟梁元自出二松城一、豈啻胸蔵二万巻書一、才華富贍徳豊腴、世間毀誉無二欣戚一、可レ見真箇大丈夫、詩文書画与二詠俳一、万別千差何有レ涯、君子優游楽二斯道一、光風霽月満二襟懐一、

「棟梁元自出二松城一」と桐山が言ったのは、もちろん象山を指しているのであり、これは単なるお世辞ではなく、実際そう思ったからであろう。さすがに桐山は、自分が手塩にかけて指導しただけに、象山をもっともよく知る者であった。『桜賦』とともに象山の二大傑作だといわれている『望岳賦』は実にこの年に作られたものである。

修理と名乗る　その理由は

象山が神田阿玉池へ住居を定めると、詩人の梁川星巌もまたその後からやって来て、すぐ隣へ玉池吟社という塾を開いた（大平喜間多『人物叢書 佐久間象山』〈吉川弘文館、一九五九年〉では、象山は星巌のすすめにより同地へ家を求めたとする）。星巌とは旧知の間柄であったから、象山も喜んでこれを迎えた。星巌と妻の紅蘭《こうらん》女史とは仲むつまじかったが、紅蘭の勝気が禍して夫婦喧嘩が絶間なかった。隣家のよしみでその都度、仲裁に入らなければならないので、これには象山も少なからず悩まされた。ある時、あまりに夫婦喧嘩が度重なるので、紅蘭から別れ話を持ち出したが、そこへ象山は飛び込んでいった。そして星巌に向かい、「貴殿は当世稀にみる偉丈夫だと思っていたが、女一人を御すことができないようでは、案外つまらぬ人であるな」と皮肉を浴びせた。これには当の星巌よりも、むしろ紅蘭の方が恥じて、離縁話を取り消して詫びたという。

そんなこともあり、星巌とはとても親しく頻繁に往来していた。ある日たまたま星巌の家で巻菱湖《まきりょうこ》と行き合った。象山は早速、得意の書論をもって菱湖と渡り合った。象山の舌鋒が鋭いので、さすがに当代の大家といわれている書家の菱湖もたじたじの様子であった。しかしまだ弱年の身で、先輩などまったく眼中になく議論を挑む傲慢ぶりを、菱湖は快く思わなかった。よって何とかしてその鼻柱を挫いてやろうと考えた。

そこで「佐久間殿は聞くところによると、近頃、名前を変えられたそうですな。修理《しゅり》とはまた大変な名前であるが、あなたは一体何を修理しようと思って、そのような名を付けられたか」と尋ねた。象山は天保九年、二八歳にして啓之助という通称を修理と改めた。そこで菱湖がこんな皮肉を飛ばしたのである。けれども象山はただニヤニヤ笑うのみで、あえてこれに答えなかった。すると「佐久間殿、いかがですかな、あなたのことだからもちろん何か考えがあってのことでしょう。後学のためにそれを承りたいものです」と、菱湖はなおも執拗に追及した。象山は癇癪《かんしゃく》を起こして「天下を修理致すのだ！」と声をあげた。菱湖は度肝を抜かれて言葉を失ったという。

巌松堂忠貞居士の『象山先生実録』には、菱湖は天保四年（一八三三）に象山が初めて江戸に出た年に死去し、象山の名を修理と改めたのは天保九年なので、この逸話はだれかが創作したものと記しているが、菱湖が死亡したのは天保四年ではなく十四年であるから、決して創作ではない。しかし、これを大窪詩仏《おおくぼしぶつ》の家で起きた事柄のように記したものもあるが、詩仏はこれに先立って没しているので、星巌の家での出来事であるという説が妥当だと思う。

憂慮された象山の性格

ある時、経学の大家である旗本の羽倉簡堂方で会読の催しがあった。象山よりも身分の高い人や、先輩の学者たちがいたのにもかかわらず、象山は遅れて来ながら、いきなり上席に座った。これを見て無礼な奴と憤慨する者があったが、「学問の会には学問の勝れた者が上席に座るのが当然だ」と言って平然としていた。

象山は博学であったから、その発言には根拠があり、よっていかなる場合でも、自説をあくまでも主張して譲らなかったのである。つまり信念の人であって、まったく調和性というものに乏しく、悪くいうと傲慢な気質であった。これにより人に嫌われ、また敵を作ることが多かった。郷里でもっともこのことを心配したのは、窪田馬陵と鎌原桐山の二人であった。馬陵は通称岩右衛門、諱を恒久と称し、かつては藩儒として文教に携わった立派な人物であった。早くに象山の才能を認め、その将来に期待して烏帽子親《えぼしおや》となったほどであるから、このことを憂慮し、傍若無人な悪癖《あくへき》を改めるようにと江戸へ出る際にはよくよく戒めていた。それなのに天保十年の冬、象山から送られた書簡には次のようなことが書いてあった。

当年出府以来も、所々有名の家を叩き見候所、私より義理に致し二三目も置いて談じ候者は一斎、慊堂一両人耳、其他は大門戸を成し居候者にても、経義抔は殊に未熟の者勝にて御座候、私只今の存念にては不レ遠一家をなし候得て、衰廃の家名を興し、御国家の御文飾に成候心得に御座候、

その高慢ぶりが一向に変わらぬことを知って馬陵は独り胸を痛めた。当時すでに八四歳という高齢に達し、もはや隠居の身ではあったが、憂慮のあまりについに鎌原桐山を訪ねた。

桐山は馬陵よりは若かったけれども、すでに古希に近い年配で隠居して悠々自適で静かな生活を送っていた。そこへ思いがけず馬陵が訪ねてきたので、桐山は喜び久方ぶりに碁など打ちつつ興じた末、「さて鎌原殿、あなたもきっとお聞きになっているだろうが、昨今、江戸表での佐久間修理の評判は大したものだそうですな。それを聞いて私も嬉しくてなりません」と馬陵は本題に触れた。桐山は「そうした噂も真実でしょう。先頃、一斎先生からお手紙を頂き、それによると修理の学問は早くも老成の域に達したとのことです」と、一斎から来た最近の消息に言及した。馬陵は「それもみな貴殿のおかげでしょう」と言うと、桐山は謙遜しつつ「修理はご承知のように恐ろしく頭が明晰です。頭のよい者に限って、とかく自分の頭脳を誇り、勉強を怠りがちなものですが、彼はまったく例外でよく努力し、私も頼もしく思っております」と象山の努力を褒めた。

馬陵は「ご説の通り」と桐山の評価を肯定しながらも、「しかし時に傲慢で、人の意見を聞いたり、譲ることを知らないのは玉に疵《きず》です。それが治らないようでは、畳の上では死ねないかもしれない。私はそれが心配です」と象山から送られた前記の書簡を示して憂慮を述べた。桐山は「いかにも仰せの通りです。なんとか改めるよう、一斎先生にもよくお願いしてみます」と応じ、二人の老人は象山のために心を痛めた。その結果馬陵は、

忠信以得レ之　驕泰以失レ之

まことこそ世に立つ人のかゞみなれ　たかぶる心うつすなよゆめ

と戒めの語と歌を書いて象山の許に送り、桐山もまた一斎の許へ、「修理が大変お世話になっております。ことに学業の進歩が著しく、すでに老成の域に達したとは何よりも喜ばしいことです。しかし修理は元来傲慢で自負心が強く、容易に人に譲ることがないので困ります。このために、災いを招きはしないかと心配しております。この性格をなんとか先生のお力で矯正して頂きたい」という書簡を送った。これについてその後、一斎

から、「ご心配は無用です。たとえるならば修理は良医です。したがって薬の盛り方は充分に心得ているでしょう。傲慢不屈はかえって修理の長所ではないですか」という返事が来た。

「英雄にして初めて英雄の心裡を解す」というべきか。象山が松代藩内に敵をつくり、充分にその志を達成するに至らなかった原因はさまざまであろうが、傲慢な気質が人に怨まれる最大の原因であった。しかしそれは象山の短所であるとともに長所でもあった。おそらくこの癖がなかったら、到底、後々の活躍はあり得なかったであろう。しかしながら馬陵、桐山両老人の心配したように、長所はすなわちまた短所であって、生まれながらの性格はついに変わることなく、馬陵の心配が的中し刺客の凶刃に倒れることになってしまった。

藩へ禄高の嘆願 千里の足には及ばぬが……

江戸遊学中は藩主幸貫から、学資として特別に御手当金を与えられたが、それでもなお不足がちで、そのために象山は非常に困窮していた様子で、「五両五人扶持という薄禄では、とても充分に学問の修業をすることができない。段々と学問が上達し、天下の学者といわれるようになって、他国の人たちと交際する場合、今のような状態では自分の身はともかく、藩の名を辱めることになろう。先祖が頂戴していた百石に戻して頂きたい」という嘆願書を藩へ差し出した。その後天保十四年になって、この願いが聞き届けられて、望み通り旧禄に復した。しかし象山はこれでも足りないと言って、三村晴山へ左のような書状を送って加増の斡旋を依頼した。

小弟に於ては百石にて暮し候義は、何分にも出来兼候義に御座候、有用の書は和漢西洋ともに年々取入候様仕候に付、畢竟小弟位の力にも至り候事に御座候、是を御在所などの風誼に小手前に致して候ては、中々小弟の半分にも至り候事能はず候、小弟常に左様申候、諺にも千里の馬は一食に粟一石を尽すと御座候、小弟に千里の足は無レ之候へども、五百里位の足は御座候に付、一食に五斗位は尽し候はねば腹塞り不レ申候とて咲ひ候事に御座候、書物を調へ有用の器物をば収め置き候様仕度候が、則五斗粟を食ふ所に御座候、是をやめ候ては五百里の足は出て不レ申候、抑百石の御知行と申もの却々暮しのつき候ものに無レ之、是非々々内職致し不レ申候ては、衣食は出来かね候、小弟何も内職など出来候はず、又たとひ出来候とても小弟の場合にては仕りがたく候、又其上に子孫御座候ても文武の業に身を委ね、士たるものゝ職を尽し候事能はず、漸く内職など致し夫にて命をつなぎ候様にては、士の名のみ其実は無二御座一候、

千里の足はないかも知れぬが、五百里位の足はあるから、一食に五斗位は必要だと大見得を切ったところなど、誠に象山の面目躍如たるものがある。

第四章　西洋文明への開眼

郡中横目役に就任　坂本宿の役人を叱る

象山は天保十四年（一八四三）に郡中横目《よこめ》役に就任したので、翌弘化元年（一八四四）十月上旬帰藩し、十六日から沓野村に出張して藩有林の視察をし、同月晦日《みそか》に松代へ帰った。そして十一月十三日に佐野、湯田中、沓野三ヶ村の利用係を命ぜられたので、沓野地方における施政の意見書を藩に提出し、準備のため十一月の下旬に出府した。

十一月二十七日に松代を発足して二十九日に碓氷峠《うすい》へ到着し、そこの茶屋からわざわざ使いを出して、「急ぎの用で出府するのであるから、人馬を揃えて待っているように」と坂本宿の問屋へ先触れしておいた。ところが坂本宿へ着いてみると、「せっかくのお越しではございますが、あいにく人馬ともにすべて出払ってしまい、間に合わないのでどうか当宿へお泊まり下さい」と言う。「そうならないよう事前に申し付けておいたのではないか」と象山は大変不機嫌であった。宿役人は仕方なく、すぐに人馬を呼び集める手配をしたが、すぐには無理で「まだ間に合わぬか！　一体、何をしておる」と象山は怒りを爆発させた。

ようやく駕籠《かご》を間に合わせたが、駕籠屋は象山を乗せて少しばかり走ったかと思うと、なぜか駕籠を道中に下ろしたまま、どこかへ雲霞のように消え失せてしまった。いくら待っていても戻ってくる気配がない。仕方なく象山は駕籠から這い出し歩いて問屋へ帰った。重ね重ねの失態に象山は烈火のごとくに怒った。宿役人らは象山が激怒する様子を見て大いに恐れ、切り捨てられてはたまらぬと、裏口からそそくさと逃げ出してしまった。そうこうしている内に関所通行が閉ざされる刻限となり、その夜は仕方なく坂本宿に泊まらねばならなかった。

翌朝、象山は宿役人を呼びつけて、「その方たちの役目は、伝馬人足を充分に用意し、旅人に便宜をはかることであろう。それなのに昨日のような失態を致すとは不埒《ふらち》至極である。これも、つまりはその職責をいい加減に思っているからだろう。道中係にこの事情を連絡し、重き処分とするから、江戸へついて参れ」と言った。宿役人は平蜘蛛《ひらぐも》のようになって謝罪したが、頑として耳をかさなかった。仕方なく宿役人らは象山に従って次の新町宿まで行った。

結局そこの宿役人の取りなしで象山も妥協し、左のような連署の詫《わび》証文を差し出させ、その上厳しく戒めて許すことにした。

一、昨廿九日当宿御通行の節、御道中御急ぎにも御座候に付、峠中の茶屋より御人を被㆓先立㆒、当宿問屋へ御先触通人馬打揃置候様被㆓仰遣㆒候処、問屋下役の者心得違ひを以、当日人馬遣ひ払ひ差支に付、当宿御泊に被㆓成下㆒候様申上候、右に就き御駕籠問屋へ被㆑為㆑掛、当日人馬遣払ひ候義、何故之義歟、帳面差出し奉㆑入㆓御覧㆒候様蒙㆑仰、下役者之者申開きに差支へ、夫より直様人馬呼集め候手配仕候へども、人馬早速に相揃かね、多分之刻限相延び、其上差出し候御駕籠を路中に卸置何地へ歟罷越、暫御待被㆑遊候へとて戻り不㆑申候に付、無㆓御據㆒御自身問屋場迄御戻被㆑遊、重々如何しき次第の段、御直御糺し被㆑為㆑在候処、問屋下役之者恐怖の余り、裏口より逃出し候に付、宿役人罷出候様被㆓召呼㆒候へども、是又あやにく他行仕名代之者に尋ね候内、彼是御関所御門限と罷成、御用向御差支には候へども、無㆓余儀㆒当宿に御逗留被㆑遊候、依㆑之宿役人被㆓召出㆒宿方之儀は　公儀にも厚思召を被㆑加、伝馬等無㆓差支㆒様御手充等も被㆓成下㆒置候之処、右をも不㆓相弁㆒御用筋等閑に相心得候処より、畢竟下役之者も右等重々不埒の義御座候趣蒙㆓御察㆒、当一々申上訳方無㆓御座㆒奉㆓恐入㆒候、右に付宿役人之内一人、江戸御屋舗迄罷出、道中御係様迄右之仔細申開き仕候様被㆓仰付㆒奉㆑畏候、然る所時分柄の義にも御座候に付、可㆓相成㆒御義に御座候はゞ、何卒御憐愍を以、不調法之筋、此儘御勘弁御赦免被㆓

成下一度段、宿役人一同御縋申上、尚又今朝より御駕籠へ奉レ縋、宿々役人共相頼、御憐愍筋奉レ願当新町宿御泊迄推参仕、御宿並宿場役人を以、精々御詫申上候に付、厚き御勘弁を以、此度不調法の次第、御流被二成下一、向後の所屹と相心得右等不法之義無レ之様、被二仰含一難レ有仕合奉レ存、仰含被二成下一候趣承知奉レ畏候、後来の所は如何様とも戒慎仕、御用向御差支等仕間敷奉レ存候、此段御請書仍而如レ件、

弘化元年十一月三十日

坂本宿役人惣代
誰　印
新町宿役人
誰　印
同宿御泊宿
誰　印

真田信濃守様御内
佐久間修理様
御家来衆中

右の文案は象山自身が執筆したもので、その草稿は美濃紙二枚に認《したた》めたもので、それが残っている。

一番の理解者真田幸貫

千里を走る名馬であっても、これを御し得る伯楽《はくらく》がいなければ世に顕れない。象山ほどの偉人でも藩主幸貫《ゆきつら》がいなかったら、あるいは片田舎の埋もれ木としてその生涯を終えたかもしれない。では幸貫とはどんな人であるかというと、名宰相といわれた奥州白河藩主松平楽翁（定信）の次男にして、松代藩主真田幸専《ゆきたか》の養嗣子《ようしし》となり、文政六年に家督を継ぎ十万石の城主となった。賢明にして文武に達し、常に質素倹約に努め、木綿の服装にて江戸の市中を闊歩し、華美を誇りとした貴公子たちの度肝を抜いたという痛快な殿様であった。

幸貫が早くに象山の非凡なることを認めて寵愛し、特に御手許金で江戸へ遊学させた。貧乏侍ではとても手にすることのできない高価な洋書を、象山が購入できたのは、すべては幸貫の援助のおかげである。この幸貫が、ある時お気に入りのお側絵師三村晴山に向かって、「修理は随分疵の多い男ではあるが、しかしまた天下の英雄だ」と仰せられた。晴山は兄弟同様に親密にしている象山が、主君の幸貫からこのように褒められたので、我が事のごとくに喜び早速、象山に伝えた。象山はこれを聞いて感激し、「疵の多い男と言われたのはまったくその通りで、しかし天下の英雄だと仰せられたのは、もちろん過分の仰せである。賢明なる主君から、英雄であるという折紙をつけて頂いたのは、この上もない名誉で、このお言葉は決して忘れません」と言って、幸貫のためには身命も惜しまぬ忠臣たることを心掛けるに至った。

松代藩主 真田幸貫像（真田宝物館蔵）

頼山陽もかつて、「大いなる能ある者は、また大いなる失あり」と言った。大人物に大欠点のあるのは、仕方のないことらしい。幸貫は窪田

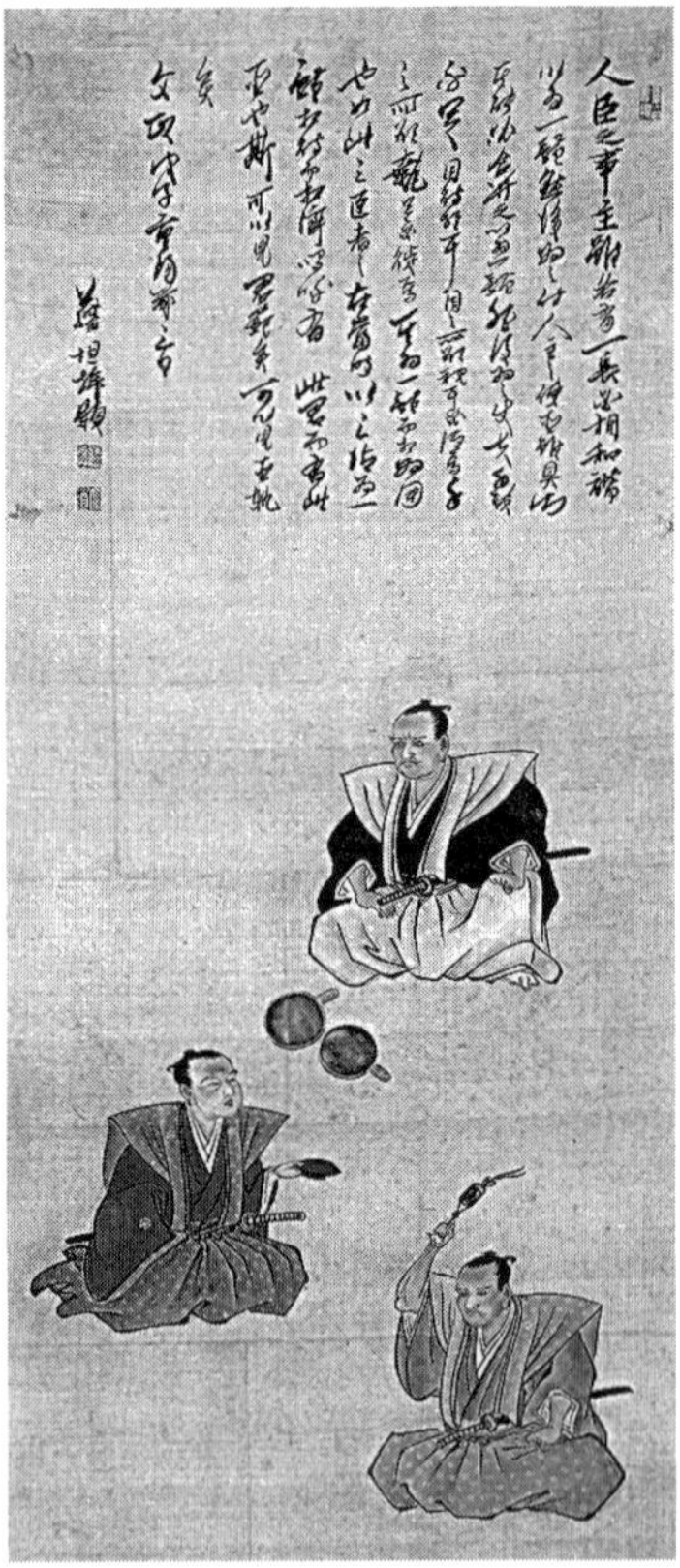

三老図　三村晴山画 佐藤一斎賛
（真田宝物館蔵）

馬陵、鎌原桐山らが心を痛めている傲慢の短所は、よく承知しており、また人の追従を許さぬ長所を認め、それを充分に発揮させることが国家の利益と考え、できる限りの面倒を見たのである。

　五両五人扶持という薄禄では、到底思うように学問の修業ができないので、旧禄の百石に戻してもらいたいと、象山が嘆願した時、幸貫は早速その願いを叶えてやりたいと思った。しかし他の藩士の目もあるので、一案を練り何か一つ功を立てさせてからにしたいと思い四書に訓点をつけることを命じた。それが出来上がったので、天保十四年十二月、その功を名目として旧禄に復した。その時、幸貫は家老たちに向かって、「修理の旧禄に復したことについては何と考えておるか」と聞いた。家老たちは「誠にありがたい思召しと存じます」と異口同音に答えたが、「いや、四書に訓点をつけた位の功で百石は分不相応と思っているのであろう」と幸貫は問い詰めた。図星をさされた家老どもが返答に窮してうつむくと、「アハハ……」と大笑いし、「実は佐賀の閑叟（鍋島直正）がいつもうるさいほど象山を懇望し、断ればしばらく貸してくれと申して誠に厄介至極でのう」とぼやいた。

　家老どもは、それほど鍋島侯が所望されるなら差し上げてしまえばよい、いつも面倒ばかりの理屈家などいなくて結構、といった顔付きをしている。「ところが閑叟もあの通りの山師、象山も皆が知っての通りの大山師だ。二人よったら何をするか分かったものではない。山師だが象山も傑物で手ばなすのも惜しいからのう」

と続けた。幸貫は家中の者どもが、ともすれば象山を毛嫌いしてその才覚を認めず、ただその独善的な性質を嫌うむきのあることを察し、鍋島侯の懇望に事よせて、象山が得がたい良材であり、それを重用すべきことを諭した。ここでいう山師とは、すなわち敏腕なる人物の意である。

象山がその天賦の才能を磨き、天下にとって不可欠な人材となったのは、まったく主君幸貫のお蔭である。象山はこれを忘れることなく、「貴殿は一体誰の弟子だ」との質問にはいつも、「私の師は藩主真田信濃守幸貫朝臣である」と答えていたという。この両人の主従の関係が尋常でなかったことが知られる。

幕府海防係真田幸貫の顧問として八策を建言

天保十二年（一八四一）正月晦日に前将軍・大御所徳川家斉の薨去《こうきょ》が発表され、将軍の家慶がいよいよ英断をもって政治改革に着手した。その結果、四月七日には、それまで飛ぶ鳥を落とす勢いの若年寄の林肥後守、御側御用取次の水野美濃守が不意に御役御免となった。これを手始めとして着々と改革が進められ、六月十三日には幸貫が老中に抜擢された。これは水戸烈公斉昭の推挙によるものであるという。この時の宰相は水野越前守忠邦であって、忠邦は腐敗した政治を刷新して、善政だといわれた享保・寛政の時代に戻そうとした。

翌十三年の夏、幸貫は土井大炊頭《おおいのかみ》とともに海防係となった。実父楽翁の遺志を継いで海防の完備をはかるべく施策を練った。それについては、まず海外の事情を知らねばならないので、家臣の中から象山を抜擢して顧問とした。これにより今までは単に経義文章に没頭する一学者に過ぎなかった象山も、幕府老中にして海防係である幸貫の顧問として、その学識を実際に役立たせる機会が到来したのである。

象山は時こそ来たれと喜んだ。そしてその年の十一月、幸貫に長文の海防意見書を上申した。その要旨は、

一、諸国海岸要害の所に砲台を築き、平常大砲を配備し有事に備えるべき事。
二、オランダ貿易での銅輸出をしばらく停止し、その銅で西洋式の数百千門の大砲を製造し、諸方へ分配すべき事。
三、西洋式の大船を造り、江戸廻米の警備にあてる事。
四、海運の取締り役を設け、異国との通商から海路一切の取り締まりを行う事。
五、洋式の軍艦を造り、その操舵に習熟させる事。
六、各地に学校を興し、教化を盛んにし、愚夫愚婦までみな忠孝節義を理解させる事。
七、賞罰を明らかにし、公儀の威光を高め、民心を団結させるべき事。
八、すぐれた人材を登用する法を設けるべき事。

有名な海防八策というのがこれである。

要するに遠からぬ内に列強の侵略があることを察知し、予めこれに準備しなければ「城下の盟（落城寸前での講和）」同様の恥辱を受けなければならない。だから今日までオランダ貿易に用いてきた銅の輸出を禁止し、これをもって洋製の大砲をたくさん鋳造し、またオランダへ注文して二〇艘程の軍艦を購入するとともに、同国の兵学者、鉄砲師、船大工らを招聘して海軍を編成し、やがて軍艦、銃器などは我が国の人の手によって製造できるようにせねばならぬというのが意見書の大要である。この時すでに海軍編成の必要を力説した点など、実に見事な卓見というべきで、さすがに開国進取の率先者という名に恥じぬものというべきであろう。

象山の海防策の先見性

象山は幕府老中である藩主幸貫に上申した海防意見書の中において、「もし列強から侵略された場合には、たとえ霊場名刹であるからといっても安全ではない。だから日本国中の寺院堂宇の梵鐘類はみな取り潰し、それで砲銃を鋳造すべきである」と論じた。しかし、その策も容易に採用される様子がないので、象山は大いに不満であった。

そうしたところ安政二年（一八五五）になって、朝廷から諸寺院堂宇の梵鐘を溶かして大砲を鋳造し、辺海防御の用に配備すべしという詔《みことのり》が全国へ下された。我が意を得たりとばかりに象山は喜び、

　一趺帰休深鎖レ門　不レ那憂レ国寸心存　但欣天詔在二今日一　有レ契当年狂妄言

と書き記した。以前、上書した際には、狂妄の言として世人に嘲笑せられたが、今日それが勅命となったのは本当に嬉しいというのである。また

　朝家預備未二森厳一　孤憤空嗟歳月侵　若使三先公久二其位一　不レ須今日労二宸襟一

という詩を作った。

もし先公、すなわち幸貫がもっと長く老中の任についておられたならば、きっと自分の意見を採用し、海防の準備もすでに完成していたであろう。それならば今日のように、天皇に勅許発給といったお手間をとらせる

にも及ばなかったであろうと、亡くなった幸貫を偲んで無念の想いに沈んだ。

江川坦庵の塾で西洋流砲術を学ぶ

老中となり海防係に任命された幸貫は、ある日、伊豆韮山の代官江川坦庵《たんあん》を藩邸に招いて高島流砲術の訓練を披露させた。幸貫をはじめとして、それを見た人々はいずれも、号令に合わせて行われる整然とした進退挙動を見て激賞感嘆した。象山もまたその座にあって西洋流砲術の妙技を知り、金児忠兵衛、片井京助らの同藩士とともに伊豆の韮山へ行って坦庵の門人となった。天保十三年七月七日のことである。

当時、江川の塾では坦庵の主義として、山野の歩行訓練や筋力訓練を命じるなど、身心の鍛錬が中心であり、砲術学は秘伝と称して容易に教授しなかった。期待を裏切られてついに不満を爆発させた象山は、坦庵に向かって、「入塾してから、すでに半年近くも先生のご指導を受けております。そろそろ伝書を授けて頂きたいと思います」と言うと坦庵は、「ずっと太平の世の中であったので、武士はみな文弱に流れて刀を持つ手も大儀そうに見える。そのようなか弱い腕で鉄砲を持ったとしても当たるはずがない。火蓋を切れば眼がくらむようでは何の役にも立たないので、当塾の主義としてまず当分の間は身体を鍛えさせるつもりである」と返答した。象山は続けて「ならばどの位たったら伝書をお授け下さいますか」と食い下がると、「とりあえず五～六年もたったら」と坦庵の答えは極めて冷ややかであった。

象山は「私は海防役たる老中真田幸貫の意を受けて先生の許に弟子入りしました。普通の人々のように、鉄砲を打って一生を送るわけではありません。ですから特例として明日から伝書を授けていただけるようお願いしたいと思います」と懇願したが、坦庵は「せっかくのお頼みだが、塾則なのでそれは無理である」と象山の懇望を拒絶した。

象山は優れた学者であり、国家の重職に就こうという志があり、そのため一般の武士のように、のんびりと自分の身心の鍛錬に専念してはいられなかった。一日も早く高島流砲術の奥義を究めたいと思って、今まで忍ぶべからざるを忍んできたのである。しかしその志に思い至らない坦庵は、通常の門生と同様に、その塾則の通りに指導したのであり、人を見る能力がなかったのである。

「江川は師とするに足らない」と象山は失望して退塾した。後々「江川の塾では実に馬鹿を見た。大切な時間をすっかり無駄にした。約半年いたが、あのような修業なら一人でも半月もあればできる。坦庵の手品はこの本一冊だよ」と、オランダ板の兵書一部を見せて大笑いしたという。

江川の塾を出た象山は、下曽根金三郎の門を叩いて秘伝書の閲覧を願い出た。金三郎は坦庵とは違って開放主義の人であったから、快く象山の願いを聞き入れ秘伝書をすべて見せてくれた。嘉永三年（一八五〇）七月十日、母に送った書簡の一節によると、

是（下曽根）は高島流の先生にて、江川と肩をならべ、当節は却て江川より盛にて、公儀より浦賀と申所の御固め御人数の教授に被二仰付一、此節右浦賀へ勤番いたし被レ居候、私おらんだ書を読み候はぬ以前、江川へ参り砲術習ひ候頃、江川にてはけしからず伝書なぞ惜み候て、中々三年五年にては皆伝など致し候はぬ様子にて、中々私など外に大なるれうけんも御座候を、なみ〳〵の人の如く、鉄砲を打ち候て一生を送り候半とは存じ不レ申、依て其事を下曽根殿へ参りかまけ候所、夫程にこんまうに候はゞ、伝書をかし候半とて借され候ひき、只今にてこそ高島の伝書などは見下け居候得共、其頃は原書は読め不レ申、先其伝書を二ツなきものに珍重致し候事に候、その伝書を借し被レ下候恩分有レ之候故、私より先生と申候、又向にても私事を存じ候所を以て、いつも先生と被レ申候、又門人などは佐久間も此方の先生の弟子に候な

ど中自慢いたし候程の事に御座候、その伝書を快く借され候一事にても、其人のよろしき所は、よくわかり候事に御座候、

とある。いかに下曽根の好意を喜んだかが分かる。象山は後年、下曽根の依頼によりその門人のために砲術の実演をするなど、この時の恩に酬《むく》いた。

秘伝を禁じる免許状　象山の教育への姿勢

象山はその独善的な性質から、度量の狭い人物のように思われるが、しかし学問に対する態度は至って寛大であった。人に物を教える場合には何度でもあきらめず根気よく、教えることを惜しんで隠すことなどなく、その知る限りをすべて教え尽くした。この点伝書を見せることを惜しんだ江川坦庵とは雲泥の差である。

西洋にては、本より秘し蔵し候事無㆑之、此国なれば神秘とも可㆑申様の事迄も、尽く致㆓印行㆒、既に此邦へも持参り候程の義にて、此方の武芸者などの見識とは、殊に致㆓相違㆒候事に御座候、小弟なども其書を読、其風儀をよき事と存し候故、いづれの人へも存じ候程の事秘し不㆑申、盟台等に其方法御懇望御座候に於いては、いかにも〳〵其衷を傾けて御話可㆑申候。

右は象山が山寺常山に送った手紙の一節で、よくこの辺の事情を伝えている。

学問技芸に関わる情報は、公益のために公開することが大切である。広く公開しなければならないものなの

に、我が国の学者や武芸者たちの中には、秘伝秘法であるなどと称して、できるだけ隠して人に教えようとしないのは、不当なことである。もとより「秘伝秘法」などというものは世の進歩に害のあるものだと言って象山はこれを攻撃した。そのため象山は、原書を読んでまだ世の中に知られていないことでも、まったく出し惜しみすることなく、秘することなく残らず教授した。

象山の免許状も左のごとくであり、非常に目新しいものである。

西洋三兵砲術真伝免許状

一、歩兵法　目録有レ之

一、騎兵法　目録有レ之　但隊伍進退之法馬術に属す

一、砲兵法　目録有レ之　但騎砲之法是又馬術に属す

以上

貴殿入門以来篤く心懸け、日々出精修業有レ之、追々上達せられ、号令作法に至り候ては、門下多しと雖も比類無レ之感心致候、依レ之今般此巻同附属候事畢、以後従学懇望之者有レ之候はゞ、指南之義尤に候、抑某此術を講習候事、偏に家国天下の為に微力を尽候迄にて、世間卑に臨んで高を為さんと欲するものゝ比にあらず、故に自ら勤労刻苦して発明する所の業と雖も、初めよりこれを隠秘する事なし、此邦に良術秀法心得たらんもの一人も多く有レ之候はんこと、某の志願に候、門人取立有レ之に於ても此事尤も不レ可レ有二遺志一候、且西洋之諸術、是を泉の山より出るに譬へて暫くも息むことなく、日々に月々に長進し、新に発明候事歳に不レ少候、若し此方に於て精研疎く候時は、終に彼に及び候事態はず候、大丈夫之志固より出藍の企なくんばあるべからず、愈以無二怠慢一可レ有二研究一者也、

嘉永六年四月十五日

佐久間修理
啓明

島津文三郎氏

猥《みだ》りに他見を許さずなどと書くのが秘伝書の決まり文句であった。だが象山だけは、右のように奇抜な免許状を出したので、みな「佐久間はどこまでも変わった男だ」と噂しあったという。

蘭学を猛勉強　佐久間はいつ眠るか分からぬ

象山は江川坦庵の塾に入り、西洋砲術を学び、そこで初めて蘭学の必要を痛感した。その矢先にたまたま坪《つぼ》井《い》信道《しんどう》の家を訪ねたところ、「佐久間殿、近頃私はこんな珍書を手に入れた。しかし医者の身としては用のないものであるから、貴殿に進呈しよう」と言って与えられたのは、オランダの砲術書であった。それは図面を入れて説明したもので、江川坦庵の高島流の秘伝書とは比較にならないほど、詳細でかつ進歩した砲術書であった。象山は歓喜したが、しかし残念なことに蘭学の知識がなく説明書が読めない。さすがに負けず嫌いの象山もまったく弱ってしまった。そこで早速、蘭学を始めようと決心し、「今までは翻訳物ばかり見ていたが、それでは西洋の事情を思うように知ることができない。よってこれから蘭学を勉強したいと思うから教えては下さるまいか」と坪井信道に頼んだ。

信道は「それは結構ですな。だが私よりも塾頭の黒川良安《まさやす》がよろしかろう。黒川は子供の時から長崎で蘭学ばかりやっておった男なので漢学は不案内だ。よって貴殿と交換教授をしたら一挙両得というものであろう」

と提案した。信道の言葉に象山は大いに喜び、早速、良安を阿玉池の塾に招き入れて蘭学の教授を受け、また良安に漢学を教えた。八田嘉右衛門に宛てた書簡の一節に、

西洋学は手広いものに候故、出精仕らず候ては、果敢どりも不レ致、且又是迄一向心掛け候はぬ事に候、所謂晩学に候故、別して苦学仕らず候ては届き不レ申候に付、昼夜を限らず勉強仕り、夜分も冬夏に拘らず九ツ八ツに及び申候、乍レ去右の苦学の甲斐御座候にて、世に才子と申程の人の一年の業と申を、六十日の日数にて事を了し候、一体は昨年の六月廿一日(弘化元年也)より西洋原書を読習ひ候所、冬中御内用にて其表へ罷越、六十日余廃業仕候に付全く日を数へ候へば、今日に至り候迄も猶一年には二ヶ月も不足に御座候、然る所、近来は世に六ヶしき書と雖も、静に考へ読候へば大抵埒明き申し候、依レ之自身の益は勿論、御国家の御為にも莫大相成候事、是は大慶仕候事に御座候、

と述べている。

普通の人ならば修学に一年かかるオランダの文法書を、象山はわずか二ヵ月で卒業したという。頭脳が明晰であったことは元よりであるが、寸陰を惜しみ一心不乱に勉強したその努力が、尋常でなかったことも成功の要因である。大槻磐渓が、「佐久間という男はいつ眠るか分からぬ」と言って、その絶倫なる精力に舌を巻いて驚いたというのも無理からぬことである。

当時、象山は良安が有為の人物であることを知りこれを藩に推挙した。藩主幸貫もその説を容れ、十五人扶持にて召し抱えようとしたが、この時にはすでに加賀の前田侯に五百石で抱えられることに決していたので、ついにその機を逸してしまった。ある時、幸貫は良安を側近くに召し、「お前が良安か、家来佐久間修理に蘭学を教授しているとのこと過分に思うぞ」と仰せられた。「お言葉恐れ入ります。修理殿にお教え致す代わり

に、私は修理殿より漢学をお教え頂いております。誠にありがたき仕合せに存じます」と答えた。

幸貫は「それについて良安にちと頼みたいことがある。きいてはくれまいか」と改まって申し出た。「それはまた何事か存じませぬが、身に叶いますることならば、何なりとお申し付け下さい」と良安は何の仰せかと胸をとどろかせた。「いや他でもない。修理は大切な家来なので、彼にはなるべく早く一冊でも多くの蘭書を読ませたい。そのためその方には誠に気の毒だが、別に当藩から儒者を遣わすので、その者から漢学を学び、今まで修理が漢学を教えていた時間まで、すべて修理の蘭学教授の時間にあててはくれまいか」というものだった。良安は「ご賢慮のほど、恐れ入ります。もちろん私は異存ございません」と快諾した。家臣を愛する幸貫の人柄に、良安は他人事ながらも感動した。幸貫は非常に喜び、良安には種々手厚い引出物が出され、その日より藩の儒者が良安の許へ遣わされることになった。

このように幸貫は象山を大切にしたので、象山もまたその処遇の篤いことに感謝し、いよいよ刻苦精進し、良安について蘭学を学んだ他、坪井信道・杉田成卿《すぎたせいけい》らの家にも出入りして不明なことを質問し、また宇田川榕庵《うだがわようあん》、箕作阮甫《みつくりげんぽ》、川本幸民《かわもとこうみん》らの蘭学者とも交わり利益となるところが多かった。したがって間もなく洋書を自由に読めるようになった。

小生西洋原書に取掛り候以来、期年には満ち不レ申候処、近年大分読出し、是迄数年専問に仕候徒をも追々圧倒仕るべき様とて、各畏れ候趣に御座候、窮理書抔読み候節には、また西洋人の説を看破し、此理は箇様無レ之ては不レ叶、抔申事毎々申出候処、尤の筋多く候故に其事、洋学社中申伝え候て、小生の郷貫抔詳かに仕らざるものは疑ひ候て、夫は必ず日本人にては有レ之まじ必ずイギリスの廻しものにて候はん抔、論をつけ候もの有レ之よし一咲の事に御座候、御一粲可レ被レ下候、右は弘化二年六月六日、藩老恩田頼母《たのも》に送った消息の一節である。その上達の著しかったことが知られる。

西洋技術の実践　ギヤマン製造に挑戦

象山は易学に精通し、朱子学を講義すると同時に、その他、さまざまな物について研究し、実利実益を得ることを試みた。あくまでも空理空論を排斥して、実利実験を尊んだのである。

象山が蘭学を修めたのは、オランダの長所をとって日本の短所を補うという趣旨から出ている。シヨメールの百科辞典一六冊を四〇両という大金を出して購入し愛読したのも、つまりは、その学問を直ちに実際の役に立たせようという意図があったからであった。象山はこの書によって知り得た知識で、まず硝子《がらす》の製造を試みた。

近日定めし御伝聞も被レ下候半、御内用筋を以阿蘭陀方のギヤマンを製し申候、蘭書中数十種其方法御座候、その尤もよき法を数品製し申候、いづれも存じ候ま丶に出来仕候、硝子精緑礬油の類を貯へ候には、至て堅剛の質に無レ之候ては、その納れ候砌何とも無レ之様にても、やがてひびわれ損じ申候、蘭製のは幾年貯へ置候ても聊か損じ不レ申候、即ちその方に御座候、又硝子精等も取り候スランガに致し候て試み候に何とも無レ之候、常ていの品にては忽ち破れ候てぼろ〳〵に成り申候、和製の仕法の内にて堅き仕掛に致し候ても夫れにては持ち不レ申候、是も試み申候、但その蘭法のは至て堅く候故に、細工人殊の外迷惑仕候事御座候、是迄柔かなる品のみを手掛候て、急に堅剛のに掛り候故、丁度錫細工致し居候て、鉄の細工掛り候位歟、もそとも違い可レ申歟と存申候、乍レ去宅へ傭い候細工人は至て好人物にて、細工も随分よろしく候、私の申付候は皆一通りの品にては無レ之、大抵渡品を型に致し申付候故、最初両三日之間、手狎れ候はぬ節には、大に困り候様子に御座候、乍レ去両三日の後には必ず其通りに出来致し申候、近日も蘭名グルーンガラスを製し申候、幸便の節差上可レ申候、此度もよき便りに候故、差上度候処、近日製し候分を上へも差上、其外無二余儀一処へ被レ望候て、只今手元に無レ之候間、跡より差上可レ申候、頼母殿へも渡品の型にて製し候を、一昨日か相送り申候、定て其表へ持参可レ有レ之候、御出被レ成候節は、御望み御覧可レ被二成下一候、一体蘭製の如き硝子精等に破れざるビードロと申もの、是迄本邦にては決して出来ぬ事と致居候事にて、たま〳〵好事の人蘭学致し候もの抔、幾度幾人となく拵候はんと掛り見候ても、此広き都下にてついに出来候はず、皆辟易し候て手を引居候事に御座候、右故に強薬精を貯へ候には、必ず舶来を求め候事に候、私の存候に西洋人とても三面六臂も無レ之、矢張り同じ人にて、本邦人なりとて片端者にても無レ之候へば、よくその書を読み考へをつけ候はゞ、必ず同じ様に出来候はんと存じ取掛り候所、果して何の苦も候はず出来申候、

（弘化二年五月二十八日付 藤岡甚右衛門宛 書状）

彼も人なり我も人なり、彼にできて我にできない理屈があろうかと象山は思ったのである。この意気と自信を持っていればこそ、象山はついに大成したのである。噛み締めて胆に銘じる文字といえよう。

此程高覧にも入れ候スランガと申製薬の器、尤も試みの為小なる窯にて煉立候故、火力弱く候て泡はぬけ切り不レ申候へども、其質の美に至り候ては、西洋にても最上の品にて、且又本邦にては西洋の極堅剛の玻瓈は、決して出来不レ申と是迄人々申居り候、此表ビイドロ店を開き罷在候もの、内にも事を好み候ものは、蘭家の医師に便り候て、毎度試み候事候よしに候所、遂に出来候事無レ之と申事もかねて承居候故、近日の品如何申候歟と存じ、昨日右のスランガ家僕に持たせ候て、塩町の横山町辺の大店を張り居候所へ

遣候、此様の品入用の趣申させ候所、皆々いづ方にても不審がり候て、此品は此表には製し候もの無レ之、此種は阿蘭陀に相違なく候が、細工の所に日本らしき処見へ候へば、是は多分大坂にて出来候品にても候か、乍レ去大坂にても是の出来候事は不レ承とて塩町の一軒にて申候よし、其外にては皆是は阿蘭陀渡りに無二相違一と申候よし、箇様申候ても尚御疑念は晴かね可レ申候間、御自身に也とも誰ぞしかと仕候ものに御命じ、右の品江戸中のギヤマン屋へ御見せ、私の尋ねさせ候如く、御尋ね御覧被二成下一候はゞ、愚言の妄誕ならざる所もよく相分り可レ申候、

（高田法古宛書簡の一節）

この状をもって、象山の得意満面の心持ちが察せられよう。

大好物は牛肉のスキ焼き

『史記』や『貨殖伝』を読んで象山は、畜産の利益に着眼していた。しかし日本では仏教伝来以来、肉食を賤しむ風潮が生じたので、牧畜はほとんど行われなかった。しかし外国船が折々訪れるようになってから、日本でもポツポツと肉食が流行し始めたので、象山はそれを機会に養豚を奨励して、まず神田阿玉池の塾で飼育を始めた。

ところが弘化三年閏《うるう》五月には塾を引き払って帰藩しなければならなかった。久しぶりに帰郷してみれば浦町の邸宅は荒廃して住居に堪えない。そこで中町の御使者屋という藩の用舎を借りて、そこを仮の住居とし、江戸で飼育していた豚を遥々と運搬してきた。当時、豚を見た人は滅多にいなかったのでみな珍しがり、見物人が毎日来たという。今日、養豚業は日本の農家の副業として、重要なものとなっていることからして、象山の

先見の明が感じられる。

象山は西洋人が肉食を常食としているのを知り、自分でも試してみた。象山が隣家の勘定役宮本慎助に送った書簡の中に、

倦此間は何よりの品々御投恵下され辱なく、殊に牛肉は手に入れ兼ね候ものに御座候処、沢山に下され長く嗜み置き薬食に相用い可レ申、呉々も感謝に不レ堪候、

とあり象山が肉食を好んでいたことが分かる。

さらには次のような話もある。嘉永六年十二月、藩の山野奉行にして門人である藤岡伊織の許から、象山の好物であるからと、わざわざ牛肉を贈ってきた。ちょうどその時、象山の蘭学の師である加賀藩の医官黒川良安が訪ねてきたので、その牛肉をスキ焼きにして振る舞った。「これはまた思いもよらぬ珍物ですな」と、良安も蘭学者だけに牛肉を賞美していて大いに喜び、スキ焼きを肴として酒を酌み交わしたという。獣類の肉を口にすれば、その身までも穢《けが》れると信じられていた時代に生まれながら、そんなことにはまったく頓着なく、牛肉のスキ焼きに舌鼓を打ったのであるから、変わり者扱いされたのも無理ならぬことである。

前記宮本慎助も象山にすすめられて盛んに牛肉を喰った一人であった。その慎助の妻が妊娠して産み落としたのは血色のよい、見るからに丈夫そうな赤ん坊であった。隣家の雨宮左京の母がそれを見て慎助に、「あなたがあんな穢らわしい牛肉など食べたので、このように真っ赤な赤子が生まれたのです。以後は決して牛肉など召し上がってはなりません」と強く意見したという。

遺沢の碑建つ　象山の善政

幕府の老中真田幸貫は水野越前守が退いた後、水野に代わって一時、御勝手御入用係となったが、心血を注いだ海防計画が頓挫してしまったので、病気と称して御役御免を願い出た。そして弘化元年に老中を免ぜられて帝鑑《ていかん》の間席の待遇を与えられた。幸貫は以後、藩政に力を注ぎ、象山を抜擢して佐野、沓野《くつの》、湯田中、三ヶ村利用係とした。

象山は沓野に落葉松を植樹したのを手始めに、杉や漆を植林し、また松代地方の村方に命じて、甘草その他の薬草を栽培させ、これを大坂へ輸出した。また硝子を製造し、馬鈴薯《ばれいしょ》を作り、豚を飼わせ、葡萄酒《ぶどうしゅ》を醸造させるなど、なにかと国・民にとって有益と思われる各種の事業を起こしたのである。

佐久間象山遺沢の碑（山ノ内町教育委員会提供）

嘉永元年には、また沓野に出張し、岩菅山《いわすげやま》の頂上を極め、魚野川の流れに沿って越後に出て帰った。この時、深山幽谷を歩きつつ銅鉱を発見し、これを発掘することを藩に申請して許可を得た。そこで村民を鉱石採掘の人夫に徴発したところ、賃金の問題で行き違いがあり、ついには百姓一揆が起こるに至った。一揆が鳥打峠《とりうちとうげ》まで押し寄せたことを聞き、「それは私の責任であるから、自分が鎮撫の任を引き受ける」と言って単騎鞭を上げて馳せ向かい、持ち前の大雄弁を振るって難なくこれを鎮撫してしまった。

その後、藩の金を借用して「漸次なしくずしの法」により、疲弊した村の財政の回復を企てるなど、種々の長年の懸案を取り除いて民心を安堵させたので、村民は深くその徳を敬い、田地を象山に進呈して恩に酬いようとし、さらに明治十二年（一八七九）に佐野村に功績を讃える碑を建てて、それを後世に伝えることにした。

象山佐久間先生遺沢碑

信濃国高井郡佐野村はもとの松代領なり、此地よもに山めぐり、そがうち平に天のかたちまどかなり、ゆへに草木茂り、ことによねつくるによろし、其民おのづからすなほにして、古の風を存せり、象山佐久間翁藩にいませし時、いたく此地をめで、やがてすまばやと思はれけん、詩に詠じ文を賦して其志をよせられけらし、また郡治の弊せる民の苦を察し、しば〳〵其主に申しいたく攻たゞされし事どもあり、是等のこといまはむかしと成りしを、此民誠ある心から猶其恵をたゝへてやまず、終に石にえりて其沢を永く後世に伝へんとはかり予に一言を乞ふ、予も亦其まごゝろにめで拙を忘れ其需に応ずるになん、

明治十二年のとし初秋

海舟　勝安房誌

なお鉱山の採掘事業は問題があり、利益をあげるには至らず、ついに開発を中止しなければならなかった。

善光寺大地震　震災で役立った象山の易

象山は易学の大家であったので、その占いがよく当たるといって見てもらう人が多かった。左に象山の易が

的中した実例を一つ挙げておこう。

それは弘化四年（一八四七）三月二十四日の夜の亥の刻頃（七時頃）、信州全域と越後高田地方にまでも及ぶ大地震があった（善光寺地震）。善光寺平がその中心地であったから、川中島四郡の地は震動激烈を極め、山は崩れ、家は潰れ、火災は起こり、圧死または焼死者、怪我人らが多数に及んだ。特に災害の甚大だったのは善光寺の市街であり、倒壊もしくは焼失した家屋が、二、四二八戸、圧死または焼死者三、〇八六人という数に達した。

このように被害が甚大であったのは、くしくも七年に一度の善光寺のご開帳の時期と重なっており、遠近より集ってきた参詣客が非常に多かったからである。

地は震ひ山は崩るゝ世の中に　何とて弥陀はつれなかるらん
此たびは床もとりあへず潰れ家の　もみあふ人は壁のまに〳〵
善光寺しなのでならで死のうとは　えんぶだごんの一言もなし
地震してあとは野原となりになり　たゞ有明の月ぞのこれる
尋ぬれど問ふ人もなし焼野原　今一度の逢ふこともがな
我ばかりつれなく友に死わかれ　あまりてなどか人の恋しき

右のような落首さえもできたほどで、阿鼻叫喚《あびきょうかん》、焦熱地獄の有様はたとえようもない。

さらには更級《さらしな》郡の虚空蔵山《こくぞうさん》（俗に岩倉山という）が崩壊して、犀川《さいがわ》に土砂を押し出し、厚さ一八〇間、高さ三二間の堤防となって流水を堰き止め、十九日間にわたって水を湛《たた》え、上流の沿岸は水中に沈没し、下流へは一滴の水も流れ出ることなく干潟《ひがた》となってしまった。それがいつ決壊し水が押し寄せるか分からないので、川中島地方の住民はみな、なす術もなくただ恐怖におののき戦々恐々としていた。松代藩では家老職の恩田頼母が、物頭《ものがしら》竹村金吾・山寺源太夫らを率いて川中島に出馬し、その所の住民を安全な山中に避難させ、また人夫を指揮して小松原に一大堤防を築くとともに、鳥打峠の坂下にも堤防を築いて決壊に備えた。

山崩れで塞がった箇所が決壊すれば、その濁流により川中島周辺が氾濫し、さらに余勢は松代の城下にも及ぶだろうと危機が叫ばれ、そのため藩主幸貫の側近の中には城を退き、西条村の開善寺への避難を進言する者もいた。このように人心が騒擾《そうじょう》の極みに達したため、家老職の河原綱徳は象山に易による判断を求めた。象山は得意とする易学の蘊蓄《うんちく》を傾けて、左のように判断した。

䷪ 夬

䷶ 豊

夬は決也、高きより物をさぐり落すの象、其卦上兌下乾兌を正面の卦とし、乾を西北の卦とす、西北の山上より抜出る象也、変じて豊となる、豊は大也、又互卦に大増あり、水難大なるの象とす、豊の卦上震下離震を正東とし離を正南とす、夬決の水東南に走るの象あり、本卦之卦とも其象意洪大にして変の生ずる所人力の能停むる所にあらず、

豊ノ象離ニ云、王仮㆓有廟㆒勿㆑恤、宣㆓日中㆒震を君とす、君上鬼神を奉祀し、鬼神感格するの象あり、神明の擁護する所城地には水難及ぶ間敷象意あり、

幸貫は象山の観象を信じて、慌てることなく落ち着いて城内に留まったので、城下の人々の動揺はようやく沈静化した。

そして四月七日、この日は天候が急に険悪となると、激しい風雨にさらされ堰止湖の水位はいよいよ上昇し

て、ついに十三日の夜、山崩れにより塞がっていた箇所が二十日目に決壊し、激しい鳴動、恐ろしい水煙を立て、奔流が津波となって押し下った。堰止湖の決壊を想定して築いていた小松原の堤防などは、一たまりもなく破壊され、濁流は川中島平野に溢れ一面の水没を招いた。すでに日は暮れ避難の人々はみな道に迷い、激流は家財諸道具を押し流し、根ごとなぎ倒した大木などを巻き込みながら押し流した。逃げ遅れた人々が、藁屋根、樹木などに取りつかまって救《たす》けを呼びながら、浮きつ沈みつ流れてゆく惨状は、実に言葉に尽くせぬほどで、前代未聞の大災害となった。しかし象山の予想の通り、海津城は西北の外堀まで浸水は止まり、城下の人々には被害が及ばず安堵したという。

虚空蔵山が崩壊して犀川を堰き止めた時、象山は火薬を仕掛けて岩石を打ち砕いて水の流れ道を作るしかないと責任者へ献策したが採用されず、また藩に震災の復興政策として、藩費で用水路を建築して、農業の荒廃を修復し、産業を興すことの必要を論じたが、その意見もまた阻害する者がいて採用されなかった。

満照寺事件　埴科郡生萱村での大砲試射

泰平の世が長く続いたので、武家階級もだんだんと奢侈《しゃし》文弱《ぶんじゃく》に流れ、我が国の軍備は脆弱《ぜいじゃく》となった。この時、象山は西洋諸国の軍事の進歩に着眼し、晩学ながらも努力して蘭学を習得し、西洋の砲術兵学の直輸入を企てたことは、非常な卓見といえる。象山は初め江川坦庵、後に下曽根金三郎、及び村上貞平について高島流の砲術を学び、さらに蘭学を習得してチールケの兵書、カルテンの砲術書を読んで、それまで学んだ砲術がとるに足らぬものであることを悟った。

象山はオランダ人ペウセルの原書によって、嘉永元年（一八四八）に三斤《きん》野戦地砲一門、一二拇《ドイム》野戦人砲二門、

大砲模型 伝 象山作（真田宝物館蔵）

一三拇天砲三門を鋳造し、松代の西道島田圃で試演を行った。おそらくこれは日本人が原書によって洋式大砲を鋳造した最初のものであろう。象山は長尺のカノン砲を地砲と称し、もっとも砲身の短いモルチール砲を天砲と名付け、その中間のホウキッツル砲を人砲と呼んだ。

嘉永三年七月、象山は江戸に行き深川小松町の藩邸に住居して砲術を教授した。当時、砲術の大家として象山は名をなしており、豊前中津藩士が、一度に七〇人も入門しただけでなく、時折、芝二本榎の同藩邸へ出張し、一藩ことごとくへ洋式の教練を行った。幕臣の勝海舟が弟子となったのもこの頃のことである。同年の八月には師の下曽根金三郎に頼まれ、その門人を引率して浦賀に行き、自分の研究した砲術の講義を行って旧恩に報い、十月には中津藩のために一二ポンド野戦砲の図を作り、また松前藩から一八ポンド長カノン砲、一二ポンド短カノン砲鋳造の依頼を受けた。

嘉永三年十二月に一旦帰藩し、翌四年十二月二十六日、松代藩士金児忠兵衛の鋳造した五〇斤石衝天砲（二九珊臼砲）の試演を埴科《はにしな》郡生萱《いきがや》村（千曲市）で実施した。この試演には各藩から来ている多数の門人たちも見学のために同伴し、近郷近在からのたくさんの見物人が集った。試演の弾丸は六発用意し、まずその第一弾を放ったところ、重量一六貫目の巨弾が見事に青空を飛んだ。しかし火薬が強すぎたか、あるいは照準を誤ったのか、砲弾は目標をはずれ、一重山を越えて同郡小島村満照寺という禅刹《ぜんさつ》の後庭へ落ちてしまった。「しくじった。幕領であるから事が面倒になる」と思った象山が、早速、門人高田貫之助を派遣して様子を探らせたところ、やはり満照寺では、その砲弾を証拠として押収し、厳重な抗議を松代藩へ申し込む様子であった。

先んずれば人を制す。こう思った象山は翌日、藩から借りた馬で寺の門内へ乗り入れた。「何者の狼藉か。門内へ馬を乗り入れる乱暴は、たとえ公方様でも許されぬぞ」と住職は象山と知りながら、気付かぬ風で鋭く一本突き込んだのである。しかし象山も少しも騒ぐ気色はなく、「馬を門内に乗り入れてはならぬというならば、なぜ下馬札《げばふだ》を立てておかぬのか」と逆襲した。

住職は「下馬札は門外に立ててある。あれが見えぬとは血迷ったか、それとも貴殿の眼は紋所か、たとえ鳥目でも白昼であるから見えそうなものだが」と底意地悪く皮肉った。象山は「なに！　下馬札が立ててあるとな。どこにそんな物が立ててあるか、私は鳥目ではないが、まったく見えないぞ」と象山がとぼけると、住職はいよいよカンカンに怒って、「あの下馬札が貴殿の眼には見えませぬか」と言いながら、門外へ駈け出したと思ったら、「あッ！」と一声驚きの叫びをあげた。それもそのはずで、今の今まであるとばかり思っていた、その下馬札が影も形もない。象山が「どこに下馬札がございますかな、私の眼は紋所ですので一向に分かりませんな」と勝ち誇った勢いでなおも意地悪く追及すると、住職も豆鉄砲を喰らった鳩のごとく、眼をパチパチさせるのみであった。

虎の威をかる狐で、幕領の者たちは、藩領の者に対して高圧的な態度をとる者もおり、満照寺住職もその類《たぐい》であった。象山はこれに不満で門内に乗り入れる前に、とっさの機転で下馬札を抜き取り、目につかぬ処へ隠しておいてその鼻柱を挫いてやったのである。こんなことで恥をかかされたこともあり、住職は象山が故意に弾丸を打ち込んだと主張し、とても面倒な状況となった。

中之条《なかのじょう》の代官は、手落ちは象山にあるのだから謝罪せよと迫ってきた。象山は、「大砲の試演は列強の侵略防御のため、幕府に命じられてやったことである。日本を守るための武術の練習であるから、仏寺も神社も商家も農家も、みな協力してこれを援助すべきだろう。それなのに謝罪せよとは何事か」と逆に憤慨して聞く耳をもたないばかりか、「弾丸が本当に山を越えたとすれば、麓を離れはるか遠くに落ちねばならない。しかし聞けば弾丸は山の峰から満照寺へ転げ落ちたということではないか、放出した角度から考えてもそんなことはあり得ない。察するに悪童らが故意に弾丸を拾って転がし落としたか、そうでなければ一重山の裏手で大砲を打たれたことに不満な、小島村の百姓どもの卑劣な計略であろう。もし、私がその奸謀に屈するようなことがあったら、それこそ学問の名折れであり、武門の恥辱である」と強硬な態度を崩さない。さらには公儀の裁断を仰ごうと息巻いて藩主に訴えたので、解決はいよいよ面倒になった。

藩の郡奉行山寺常山はこの事態を憂慮し、何とかして円満解決をはかるべく、何度か中之条の代官と折衝を重ねた。結局、幕府の代官を相手にして喧嘩すれば、松代藩が不利であり、象山の意に沿わないが落度を認めて謝罪し、今後、生萱村での演砲の際には図面を添えて、予め代官所へ通知するという条件で、三月十七日、中之条の陣屋から砲弾を受け取って落着とした。

そこで象山は二十二日に名誉回復のために、大砲の打ち直しをすることになった。今度は予想以上の好成績を示したので、何万と集まった見物人は、その妙技を恍惚《こうこつ》として眺め、感嘆の声は天地をもゆるがすほどであった。しかも森・倉科・生萱地方の名物である杏の花が盛りで、轟々《ごうごう》たる大砲の音で、それが吹雪とばかりに散り乱れ、その美観はいうばかりもなかった。そこで象山は、

春野乗レ晴演二大砲一　四林桃杏正芳菲　一声霹靂震二天地一　万樹新花繚乱飛

という詩を詠んだ。その得意の心情が知られる。

失敗を恐れぬ象山　失敗が名人を生むのです

象山は嘉永四年（一八五一）四月上旬、今度は一家を挙げて出府し、初めは深川の藩邸に入ったが、五月

二十八日、木挽町五丁目で、幕府の絵所狩野勝川院《しょうせんいん》の家の向かい側に家を持った。この時代にはすでに砲術家として象山の名声は天下に響いていたので、吉田松陰・小林虎三郎・坂本龍馬・橋本左内・山本覚馬・河井継之助・加藤弘之らをはじめとして、全国諸藩より入門する者が多く、門前市をなすほどの盛況であった。

これ以前、嘉永三年の冬、松前藩より一八ポンド長カノン砲、一二ポンド短カノン砲の鋳造の依頼を受けた。それがようやく完成したので、嘉永四年十一月、上総国姉ヶ崎で試演することになった。当日、松前藩からは役人をはじめとし、象山の門弟となっていた同藩士が大勢で見学に来ていただけでなく、他藩からも見物人が殺到して大変な賑わいであった。試演の結果は非常によい成績で、轟砲《ごうほう》一発、巨弾飛ぶ妙技に、見物人は思わず歓呼の声をあげた。象山の友人大槻磐渓もまたその中にあって、

車如二流水一砲如レ龍　十二斤弾新葛濃　呼為二将軍一果然是　猛威摧尽万人鋒

という詩を詠んで褒め称えたほどである。

ところが、どうした過失があったか不明だが、最後に発射したものが突然暴発して砲身が炸裂し、怪我人まで出る大事故となってしまった。「せっかく象山先生の技量を信じてお願いしたのに、この不手際とは、まったく迷惑至極です」と松前藩の役人は愚痴をこぼした。しかし象山はまったく気にする様子もなく、「これはまた思いもよらない失策を致し、実に申しわけない。しかし私も神様ではないので、失敗がないことはありません。特にオランダの書物を読んで研究し、日本でまだ誰も試したことのないことをやったのですから、失敗することもあるでしょう」と象山は堂々と言い放った。

役人は「そうかもしれませんが、当藩では莫大な損失に加え、世間の物笑いともなりかねません」といかにも困った様子であった。「古語にも三度肱《ひじ》を屈して名医となるといいます。私も度々失敗したら、後にはきっ

と名人となることでしょう。たまたまその失敗が貴藩に現れたのは、いかにもお気の毒ではありますが、今後も何度かは失敗することがあるでしょうが、それでも日本で西洋式の大砲を製造できるのは、私以外にはおりますまい。失敗は成功の基ですので、諸大名方々も日本国のため、私に金をかけて稽古をさせてくれてもよいのではないでしょうか」。この人を食った言い草に、松前藩の役人も返す言葉がなかったという。

狂　歌

黒玉をうつにわざ〳〵姉ゲ崎　海と陸とに馬鹿がたくさん
しゆりもせで書物をあてに押強く　うてばひしげるこうまんのはな
わるいのは鋳物師でなく差図して　筒をさくまのしゆりの棒てん
松前にことはり喰ふて手附金　今更なんとしやうざんのざま
赤つぺた白人ならば黒玉を　黄にして青くなるしゆりの顔
大砲をうちそこなつてべそをかき　あとのしまつをなんとしやうざん
下谷ではとう〳〵やめにさくまいも　今ことわりでへにたれにけり
しゆりのあなこき出すようにそしられて　くそともせずに放す大筒
横文字でペロン〳〵とひり出す　しゆりがほづゝは屁としられけり
読もせずうそをつきじの横文字り　めくらをよせてはなつ大砲

謎　語

たどんやとかけて何ととく、姉ヶ崎の大筒ととく、心は黒玉をうつ。
佐久間がふいた大筒とかけて何ととく、はこの鳥ととく、心はもちにつく。

大家の葬式とかけて何ととく、佐久間に大筒を頼んだ大名とゝく、心は大金を出して鳴いている。

姉ゲ崎の大筒とかけて何ととく、床入りをせずして離別した娘ととく、心は玉をわらずに帰る。

おしやかの誕生とかけて何ととく、姉ヶ崎の十二ポンドととく、心は腹を裂いて飛出る。

柿のしんとかけて何ととく、佐久間の門人ととく、心はへたにつく。

ちょぼくれ

ア、ラおかしいな〳〵、おかしいことで笑ひましよ、まずこの頃のはやりもの、夷船防禦の折からに、信濃国の山奥より、山師一人いで来り、稽古に行ってちつとのま、見聞し事を種として、真田でゆかぬ横文字の、嘘八百をあて読みに、黄石公の気どりにて、下邳橋上にあらずして、火技道場に洋砲の、指南々々と呼はれば、張良ならぬ小量の、短才無眼の諸藩中馬鹿をつくしの奥平、これも諸侯の数の子にて、鮭の縁やらえぞのこと、上酒となつた松前まで、見とめたこともあらざるに、名人上手と心得る、やしきもも とよりふせんさく、我も我もとつめかけたり、扨この度の姉ゲ崎、割べきポムは割れもせず、おのがふかせた大筒のうめがねされたに気もつかず、のつぺらぽんのしゆりこぎで、十二ポンドを打割て、己がはねたるうはまへは、皆のみ喰いにつひやして、やしきをなやますいせものゝ、さくまげどうをかいつかみ、しゆりに縁ある屎の中、肥たごの中へポカン、

当時、このような落首ができたほどで、その失敗を嘲笑する者が多かったけれども、象山は「燕雀《えんじゃく》安《いずく》んぞ鴻鵠《こうこく》の志を知らんや（小者には大物の志は分かるまい）」とすましたものであった。

第五章　ジレンマの時代

藩主真田幸貫の死という大きな損失

松代藩主真田幸貫は文武兼備の名君であったから、早くに軍備改善に努め、十万石の小藩でありながら天保の初年、すでに七二門の新式大砲を鋳造していた。象山が砲術を研究したのは、それより遥かに後だったので、この点では藩主の弟子といえよう。幸貫は天保十二年（一八四二）六月、水戸藩主徳川斉昭の推挙で幕府老中となり、父松平楽翁の遺志を継いで海防政策を進めようと計画した。そこで象山に洋学を研究させ、海外の事情を探らせて諮問に答えさせるとともに、軍備の改善充実に尽くしたので、その晩年には大砲二〇〇門・小銃三〇〇〇挺に達し、武備においては柳川藩とともに天下の双璧と称された。

幸貫が当時、天下の副将軍として威勢を振るっていた徳川斉昭と親交するようになったのは、藤田東湖の斡旋によるものである。東湖は初め幸貫の資質・人格についてまったく知らなかったが、平山平原の養子鋭二に逢ったところ、たまたま天下の諸侯の話題に及び、「天下泰平の時代が久しく打ち続いたため、士気が落ちたのは極めて遺憾である。ことに諸侯のように深窓に育った方々は、一層それが甚だしい。ところが松代侯のみは文を好み、武を尚《たっと》び、賢を愛し、誠に当世稀に見る偉丈夫である」と言った。その後、東湖が川路聖謨《としあきら》を訪問したところ、「あなたの仕える水戸侯は賢明にして、藩政に成功し大いに見るべきものがあると聞いている。けれども、まだ松代侯と親交のないのは、大変惜しいことである。私の見るところでは、三百諸侯の中、聡明なる点でおそらく松代侯に並ぶ人物はいないであろう。水戸侯の明をもって松代侯の賢と交わったなら、相乗効果は計り知れない」と語った。

この二人の説を聞いて東湖は密かに幸貫を尊敬するようになり、知り合いであった松代藩の家老矢沢監物らとはかって、ついに江戸城で斉昭・幸貫の両雄の会見を実現させた。天保七年のことである。その際、斉昭は幸貫に向かい、「貴殿が賢明なことは、かねがね承知しておりました。きっと藩政でも実績があるのでしょう。ひとつお聞かせ頂きたい」と不遠慮に尋ねた。斉昭が幸貫の人物を試験するための質問であったことは当然である。これを見抜いた幸貫は、「私は不肖ですので、なんら治績で誇るようなものはございません。大変、心苦しい次第です」と答えただけで、一向にその治績に言及しようとしない。そこで「後学のために承っておきたいだけなので、そのような謙遜は無用です。どうかお聞かせ願いたい」と斉昭は執拗に迫った。幸貫は笑いながら、「いや決して謙遜ではなく、本当に何一つお話しするような治績はございません。ただ強いて申し上げるなら、もし天下に不測の事態が起こりましたら、単騎鞭をあげて馳せ参じ、また我が藩士らはすべて後に続き、一時の防御の役に立つことでありましょう」と答えた。斉昭は「真田は聞きしに勝る豪傑だ」と大いに感服し、後に家臣を呼んで「お前たちも松代に負けてはならぬぞ」と戒めたという。それ以来この両雄は、心の底から意気投合する仲となり、松浦静山《せいざん》（平戸藩主）、大関括嚢斎《かつのうさい》（黒羽藩主）とともに、斉昭は三益友と称して尊敬したという。

天保十年の冬、斉昭は御側絵師内藤右膳に命じて松浦、大関、真田の三侯対座の肖像画を描かせ、それに自ら筆を執って「治不レ忘レ乱、武備相誇、実為二益友一、長護二国家一」という賛を書いて幸貫の許へ贈った。幸貫は大いに喜び、佐藤一斎にその由来を付記させて表装した。その大幅は現在まで真田家の什物《じゅうもつ》として伝わっている。これによっても幸貫と斉昭の親交の深さがうかがい知れよう。

その他、島津薩摩守（斉彬《なりあきら》）、細川越中守（斉護《なりもり》）、鍋島肥前守（斉正《なりまさ》）らをはじめとし、大小諸侯は幸貫との交わりを求め、教えを願う者が多く、その名望は他の諸侯を凌いだ。某藩の藩士が書いた天保年間の『茶話今

徳川斉昭像（京都大学附属図書館蔵）

猶耳』に、諸侯は幸貫と交わらないのを恥とし、「過日は真田に談ぜり」「今日は真田に面して事を詢《はか》りたり」と言って自慢するのが諸侯の常であったとみえると、幸貫に仕えた家老真田志摩がその著『一誠斎紀実』中で述べている。当時、明君英主と称せられた徳川斉昭、鍋島斉正に比べても決して遜色がなかったのである。

幸貫は憂国の念が深く、特に勤王の志は父の楽翁にも劣らなかった。幕府の老中となったのも要するに、海防を完備して国威を発揚しようとしたからである。しかし閣老の中には、これに反対する者がおり、その志を完遂することはできず、弘化元年五月、ついには老中の職を辞してしまった。その後も尊王愛国の志は、なおやむことなく、藩政に力を注ぎ武備を充実させ、人材を育成して大いなる飛躍を試みた。ところが老中の中には幸貫を猜疑《さいぎ》の眼で見る者があり、そのため将軍の機嫌を損ねることを危ぶみ、嘉永五年五月六日、家督を嫡孫幸教《ゆきのり》に譲り、引退して遂翁《すいおう》と号した。その後間もなく病を得て、六月八日、薨去《こうきょ》した。時に六二歳、法名を感応院殿至貫一誠大居士という。真田家中興の名君であったから、その訃報《ふほう》を聞いて惜しまぬ者はなかった。

特に象山は二一歳の時に近習役に抜擢せられてより、幸貫の亡くなる四二歳まで、受けた恩恵は莫大なもので、天下にその名を知られるようになり、国家のために貢献できるようになったのは、ひとえに幸貫のおかげである。象山が当時、高価で容易に入手できない洋書を購入して世界の大勢を知り、それにより天下に重きをなしたのは、すべて幸貫の庇護による。ところが幸貫に充分な恩返しもできないまま先立たれてしまったのであるから、象山の失望落胆は大きかった。同年十一月、藩主幸教から幸貫が愛用していた筑紫都府楼《とふろう》の瓦で作った硯を賜った時は、感極まり声をあげて泣いたという。さもあるべきことである。

象山と幸貫との関係は、西郷隆盛の島津斉彬、藤田東湖の徳川斉昭、橋本綱紀の松平慶永《よしなが》といった関係とまったく同一とはいえないが、君臣が一体となってその機密の政策を進めた点は同じであった。このため幸貫の薨去は、象山にとっては大きな打撃であり、たとえるならば楫《かじ》を失った捨小舟のような境遇に置かれた。唯一の後ろ盾を失ってからの象山は、なにかと思うようにならず、企画した事業もなかなか成功に至らないというジレンマに陥っていったのである。雨の朝、風の夕、常に先侯がおられたらという感慨で胸が一杯であったというのも、当然であったといえよう。

蘭和辞書出版計画の頓挫

「百戦百勝非二善之善者一、不レ戦而屈二人之兵一善之善者也」とは兵法の説くところである。我に伐謀《ばつぼう》の策あり、それにはまず彼を知り、己《おのれ》を知らねばならぬという意見から、象山は洋学の必要を力説した。それについても適当な辞書のないのを遺憾とし、松代藩の事業として蘭和辞書『ハルマ』を出版しようと計画したが、家老小山田壱岐をはじめとして反対する者が多く、容易に認可されそうもなかった。そこで、

当今外寇に備へ候御急務は、彼を知るより先なるはなく、彼を知るの方法は、彼の技術を尽すより要なるはなく、彼の技術を尽くし候には、天下其学の階梯たる詞書を梓行するより便なるはなしと申所に御心を定められ、要する処は五大洲の学術を兼備し、五大洲の長所を集め、本邦をして永く全世界独立の国とならしむる基礎を、世に弘めんと申所に、御眼力を注がれ候はゞ、仮令群小の批評等御座候とも、本より蚊蚋の羽音に均しき事御懸念に及ばざる義と奉レ存候、

という願書を提出したが、弘化四年の大震災直後のことでもあり、到底そのような資金は支出することができないとし、ついに藩から拒絶されてしまった。

そこで象山は自費で出版しようと決意し、嘉永二年五月、またもや藩主に嘆願書を提出して出版資金

一、二〇〇両の貸与を申請して許された。百石の知行を抵当とし、藩老恩田頼母からこれを借り受けた。

一、金千弐百両也

右は兼て存込罷在候西洋詞書ハルマ開彫の儀、今般従二公儀一御免を可レ得候処、彫刻諸入用金子差支候に付、此企決して始終の損材に不二相成一筋段々申立、御内借奉レ願候得共、災後別して御逼迫之御中難レ被二成下一候処、相違之儀御座候はゞ、私頂戴罷在候御知行百石可二差上一候間、何とか幾重にも御許容相成候様、再応相願候に付、別格之御義にて御借入金を以て、書面金高御貸下可レ被二成下一候段、難レ有仕合奉レ存候、御礼金之義は年々上納御元金を、未子年より寅年迄三箇年に不レ残返納可レ仕候、右に相違仕候義御座候はゞ、兼て申上置候通、御知行御引上御償可レ被二成下一候、此上拝借に付、聊か願がましき義申上間敷、且私身上異変御座候節も、親類共より如何様、歎願申上候共、御取用被二成下一候に不レ及候、為二後証一、御請証文差上申候、以上、

嘉永二年巳酉七月

佐久間修理（印）

恩田頼母殿

象山は基金を懐中にして江戸へ行き、直ちに蘭和辞書（『増訂荷蘭《おらんだ》語彙《ごい》』という）の編纂にかかり、まず第一巻を出版しようとして、幕府へその許可を願い出たが、容易に許可が下りなかった。そこで嘉永三年三月、再び出府して同月二十一日老中阿部正弘に、「西洋を制するには西洋の事情を知らねばならない。西洋の事情を知るにはその言葉に通じなければならない。海防の策も、つまりは外国の事情を知るのがもっとも手っ取り早い。海防は天下の海防であり、天下の人すべてに西洋の事情を知らしめねばならない。それにはどうしても辞書の版

行が必要である」という上申書を提出したが、これも無駄となりついに出版は不許可となってしまった。

漢土与二欧羅一、於レ我倶殊域、皇国崇二神教一、取レ善自補翊、彼美固可レ参、其瑕何須レ匿、王道無二偏党一、
平々帰二有極一、咄哉陋儒子、無三乃懐二大惑一、

右は「読二洋書一」の詩にして不善なる儒学者を罵《ののし》り、幕府の役人の見識のなさを憂いたものである。しかし不撓不屈《ふとうふくつ》の象山は、そんなことではへこたれない。さらに『皇国同文鑑』という大辞書の編纂を思い立ったのである。それは清朝で出版された『清文鑑』や『同文韻統』などのように、英・仏・露・独・蘭などの各国語を対照したもので、極めて有益な企てであったが、当時、西洋学者は目の敵にされ、渡辺崋山、高野長英らを処刑した鳥居忠耀のような頑迷な人物が多かったため、これもまた不許可となり、象山の苦心も水泡に帰した。この時の原稿は今東京南葵文庫《なんきぶんこ》に残っているが、鵝《が》ペンをもって書いたもので、これがこの時に出版されていたなら、外国の知識がもっと早く普及し、日本の文化の発展に貢献するところが多かったであろうに、惜しむべきことである。

海軍の先覚者「急務十事」の提起

嘉永三年四月、『増訂荷蘭語彙』出版不許可の連絡に接した象山は、悶々とした心を癒すべく、鎌倉地方に遊び、八王子、荒崎、城島、剣崎、大浦、千代崎、観音崎、猿島などの諸家の砲台を視察した。ところがどの砲台も、その設備計画が杜撰《ずさん》であるばかりでなく、砲の種類、着弾の距離など一つとして役立つもののないのを

見て、象山は憤りを抑えることができなかった。

江戸湾の湾口は幅が広すぎるから、沿岸に数多の砲台を配置しても、大砲のみでは到底敵艦の進入を防ぐことができない。ましてや既設の砲台は築法が不完全であるから、かえって敵の嘲笑を招くに過ぎない。そこでこれまで設置してきた砲台を撤廃し、千代ヶ崎砲台のみを残して他は浦賀港の直接防御にあて、三浦半島と房州には、武略に優れ兵力の大きい大名を移封して、沿岸の警備を担当させる。江戸の直接防御としては、中等口径以上の海岸カノン砲八〇門程を配備できる砲台を品川の洲付近と、これに連繋して、佃島前の洲とに各一個新設し、双方より射線が交差するようにするのが良策であると主張した。

さらに伊豆大島より下田付近の海面、または遠州沖・常陸沖などを徘徊する敵の艦隊を駆逐して海路の安全をはかるため、西洋流の有力なる海軍を新設し、ことに当時英国で採用されていた鋼鉄艦を造る必要がある。天下の平和を守るためには、この他には良策はない。右のように断じた意見書を幕府の中枢へ提出しようとした。

幸貫はこれを一読してその卓見に敬服したが、当時、なにかと猜疑の眼を向ける幕府のことであるから、到底その意見が採用される見込みがないだけでなく、かえってこのために、不慮の災いを招く危険があった。このため、象山にその提出を見合わせるよう勧告し、せっかくの妙案も世に顕れるには至らなかった。

越えて嘉永五年、川路聖謨が大坂町奉行より幕府の勘定奉行に転じ、海防係を兼ねることになった。象山は聖謨と旧交があったので大いに喜び、早速、幕府へ提出しようとしてできなかった砲台意見書を聖謨に示し、江戸近海の砲台で実用に適するものが一つもないことを告げた。けれども聖謨はこれを信じなかった。そうしたところ翌六年六月、米国海軍提督ペリーが軍艦を率いて浦賀の関門を過ぎ、直に本牧沖に入ったので、聖謨も初めて象山の言葉が真実であることを知って、深く敬服して、ある時象山に向かって、「貴殿が国事に関し、何か意見を上申しようとされるならば、私が閣老に取り次ぐようにしましょう」と言って好意を示した。象山はこれに応えて、「私の意見はこれまですべて貴殿の耳に入れてあります。それを貴殿が閣老に伝えて実行さればよろしい。私はただ天下の福を求めるだけです。上申書などにより名を売ろうとは思っていません」と述べ、さらに進んで意中の人材を海外に派遣し、船艦を購入することの必要を力説し、「どうか私の意見を容れて、その実現に尽力されたい」と聖謨に迫った。

これにはさすがの聖謨も困って、すぐに答える言葉が見つからなかった。聖謨に難色のあるのを見てとった象山は、「貴殿のような賢明な人でも、なお古い慣習に囚われていて、自由に発言ができないとは嘆かわしい。では拙者自ら上申することにしよう」と言って間もなく、左記の「急務十事」を閣老阿部正弘の許へ提出した。

急務十事

第一、堅艦を新造して水軍を調練すべき事。
第二、防堵を城東に新築し相房近海のものを改築すべき事。
第三、気鋭気強の者を募りて義会を設くべき事。
第四、慶安の兵制を釐革すべき事。
第五、砲政を定めて硝田を開くべき事。
第六、将材を選び警急に備ふべき事。
第七、短所を捨て長所を採り名を措て実を挙ぐべき事。
第八、四時大砲を演習すべき事。
第九、紀綱を粛み士気を振起すべき事。
第十、連軍の方を以て列藩の水軍を団結すべき事。

幕府は右の意見を容れなかった。けれども阿部正弘は、象山が海防策に非常な卓見を持っており、かつ不断の努力を払っていることを知り、深くその志に感じ、また聖謨は象山の見識に感服し、常に象山を招いて自らその意見を聴取し、また配下の海防方に命じて時折、象山の意見を聞きに行かせた。象山は隠然たる幕府の顧問のようになっていった。

当初、尊王攘夷を主張していた後の公爵井上馨《かおる》の思想が一変し、洋行するに至ったのも、まったく山県半蔵、久坂玄瑞《くさかげんずい》から象山の海軍振興・攘夷不可の説を伝承した結果であるという。象山はその書斎を海舟書屋と名付け、自らこれを扁額に書いて掲げ置いた。その額は後に勝安房が請い受けて己が書斎に移し、それ以来彼は氷川という号を改めて、海舟と称したとのことである。海舟が我が国の海軍に先鞭をつけたのも、つまりは象山の説に感動した結果である。

ペリー艦隊浦賀にあらわる　的中した象山の予言

早くに欧米列強による日本侵略の有り得ることを察し、海防の重要性を主張した象山の予言はついに的中し、嘉永六年(一八五三)六月三日、米国の海軍提督ペリーが黒船四艘を率いて、開港・貿易を求める大統領の国書を携えて浦賀へ現れた。

太平のねむりをさます上喜撰　たつた四杯でよるも寝られず

という落首の示す通り、その際の江戸の騒ぎは言語を絶し、今にも戦争が始まるかと人心の動揺はその極に達した。

幕府は狼狽して早速、長門・肥後など一〇藩に命を下し、沿岸の警備を命じた。これを聞いた象山は天下の一大事とばかりに、翌四日、新橋の藩邸へ駈け付け、定府家老《じょうふかろう》望月主水《もんど》を訪ねた。そして、その許しを得て自ら浦賀へ急行し、実情を視察して帰った。

「かつて幸貫侯が幕府の老中となられ、海防に苦心し、他藩に率先して大小の銃砲をたくさん鋳造されたのは、今日のような事態を予想されたからです。ところが今回、沿海警備の命が松代藩に下らなかったのは非常に残念な次第です。幕府へ願い出て御殿山警備に当たり、そして国家のために忠節を尽くすことが、先君に対する御孝行というものでございましょう」と藩主幸教に進言した。

当時品川には台場があったが、江戸の守備にはまったく効果が認められない。それよりも御殿山を警衛すべきであり、同山はすでに越前藩の所轄となっていたが、まだ割り込みの余地のあるのを察し、その一部の警備を分担しようとしたのである。幸教は「象山の申すところは、いかにももっともである」と直ちに同意して象山を軍議役に任じたので、象山は大いに喜び、自ら内使者となり、その夜藩の留守居役の津田転《つだうたた》とともに、老中阿部正弘を訪問して意見を述べ、かつ翌朝、幸教の名をもって御殿山の警衛を申し出た。他にこうした願書を出した藩はなく、幕府は松代藩の申し出を喜んだ。

その夕方、「松代藩の忠節は公儀においても非常に満足されている。場合によっては警衛を命ずるので、予めその用意をしておくように」との内意が伝えられた。そこで藩地へ速やかに兵を送れと連絡した。

当時国家老の筆頭は真田志摩（桜山《おうざん》）であって、象山とは犬猿の間柄であり、象山の献策には一も二もなく反対であったから、同志の中のきれ者である家老鎌原伊野右衛門（溶水）・郡奉行長谷川深美《ふかみ》（昭道）の両人を出府させた。両人は藩の財政難により御殿山警衛に反対し、急遽、幕府から建白書を取り戻した上、さらに幸教に面会し、「藩の財政状態が行き詰まっているこの時期、公儀から正式な命令が下らないのに、多くの兵隊を出すことには反対です。もとより象山は突飛な人物であって、その献策は危険であるので、早々に軍議役を罷免しないと、当藩の不利益となりましょう」と、口を極めて誹謗《ひぼう》した。もとより幸教は凡庸《ぼんよう》な人物であったから、すぐにそれを信じて、

佐久間修理

海防御人数臨時出役軍議御免被二仰付一之

このように象山を軍議役から罷免するとともに、

大銃打方の義、在府御近習役御番士の内、其方門弟に無レ之者は、入門候様申渡、教授之儀申渡置候処、右御用稽古の義は、不用と可レ被二相心得一候、

さらには、今までのように自由な江戸居住は許さないから、すぐに藩地へ戻れという手きびしい命令が下された。象山は激怒し、

御国家の御大事と奉レ存候義御座候に付、御目通を以て奉二申上一度奉レ存候、但し私儀は多く人に悦ばれざれる者に付、御人払にて御逢等被二仰付一候ては、其忌疑の際より、或は御君徳の御煩と相成候様の義、出来候はんも難レ計、且御国家の御大事と存候義に付、御用席列座、御側役御目付等内外御役人迄も、其御席に被二差置一、其上にて被二召出一、申上候條々、御聴被二成下一候様奉レ願候、余り仰山なる儀と思召可レ有二御座一候へども、忌疑生二暗鬼一などの諺も御座候へば、何分にも了明正大の思召を以、左様被二成下一候様、奉二願上一候、

と直接、藩主に面会してその心事を述べようとしたが、これより先に、

> 佐久間修理罷出、御目通願候ても、御逢不レ被レ遊候間、其段相断り候様上書等致候ても、猥りに御取次不レ被レ致候様、右之趣、望月主水殿より被二仰渡一候様、深美殿より達有レ之候、

という象山の藩主への御目通りを禁じる触れが廻っており、その目的を達することができなかった。しかし象山は、その命令を藩主の側近の奸謀《かんぼう》によるものと信じ、藩地へ帰ることにどうしても納得できなかった。

この時、幕府は海防の事に心を砕き、新たに水戸の徳川斉昭を起用してこれに対処しようとし、また諸藩に節約を命じて武備を充実させた。そうした情勢であったため、象山が年来主張してきた海防策が、ここでようやく幕府の顧《かえりみ》るところとなったばかりでなく、西洋砲術の普及の任に堪えうるのは、象山以外にはいなかったので、老中阿部正弘などが心配して幸教に交渉した結果、象山の江戸居住もなんとか許されることになった。

> 佐久間修理名声籍甚に御座候て、其本藩より被レ嫉御国へ被レ返候命下り候処、水府公・阿部公其他有志の人々河路左衛門尉、羽倉外記、水府の義党等深く是を惜み、今此人なくば何人か西洋砲銃の事に任じ可レ申哉、国家の武備も為レ是欠闕するとの論にて、遂に阿部公より真田公へ相談の上、江戸へ留ることに相成候、此を以て天下の公論御察知奉レ願候、

これは、八月十五日、吉田松陰が兄へ送った手紙であるが、この間の事情を語るものである。

これにより真田志摩一派が、いかに象山を敵視し排斥に努めたかが理解されよう。けれどもこの年の末に志摩・伊野右衛門・深美の三人は、いずれも御役御免となり、その上に謹慎を命ぜられ、代わって恩田頼母・赤

沢助之進が家老職に就任し、また山寺常山が軍議役となり、象山は学校督学《とくがく》に任命された。こうして象山もまた志を得て、大いに藩政改革に尽力した。

横浜へ派遣された松代藩の西洋式軍隊

嘉永七年(一八五四)(十月二十七日安政と改元)の正月、米国の使節ペリーが艦船八艘を率いて、またもや日本へやって来た。これは前年大統領の国書を幕府へ献じて通商貿易を迫っており、その返事を促すためである。一難去ればまた一難というわけで、幕府は周章狼狽、なすところを知らぬ有様であった。もちろん、そのまま放置しておくこともできないので、応接所を横浜に設け、幕府の役人を派遣して米国使節と折衝させることとし、その警備を松代・小倉の二藩に命じた。松代藩では江戸家老の望月主水を総督に、象山を軍議役に任じた。「主水殿、今度はちょっとばかり松代藩の武威を示してやろう」と、象山は主水と協議の上、オランダ新式の部隊を編成し、一週間、ほとんど昼夜兼行で教練をして出陣した。その総勢は四〇〇余名であった。象山の横浜陣中日記にその陣立が次のように書いてある。

御家よりは二月四日四ツ時に人数を出さる、銃卒四隊、隊毎に廿四人皆洋銃を執る、物頭二人にしてこれを指麾す、白地胴赤の旗二旒、赤地纏旗一本、大砲五門、一門は六斤地砲、一門は十五拇長人砲、三門は十三拇天砲、番士三十人にてこれを掌る、外に長柄の槍四十筋、長巻二十振あり、これは警衛の時、異人往来近く、小笠原の人数に相対し陣を立てんには、銃を用ふるに宜しからず、其時之を銃に替て用ひんとて用意ありし也、このように威風堂々と隊列を整えて神奈川まで進んだ。
この時、小倉藩の携えていた鉄砲は、旧式の和製の火縄銃であり、隊列もまったく整っていなかったから、その対照はとても奇妙であった。

小倉より用いて強き真田打

こんな落首ができたほどである。松代藩の新式武器とその隊列の整っているのを見た沿道の人たちは、みな眼を見張って驚いたという。ところが幕府の役人は、すでに恐米病にかかっていたので、この状態を見て肝をつぶしてしまった。「そんなことをして、もし外人の感情を害したら、それこそ一大事である。とりあえず大砲だけは、ここへ置いていってもらいたい」と、哀願するばかりに象山に頼んだ。「大砲を置いていくのは困ります。万一の場合に後れをとったら、それこそ国辱《こくじょく》でしょう。護衛の備《そなえ》は彼等の心胆を寒からしめるほどに、充分でなければ効果がないばかりか、あなどりを受けることにもなります」と、象山は幕府の役人に教え諭すように説いた。

しかし幕府の役人は「滅多な大事を惹き起こすようなことはない。もしあったとしても、その場合には、当方で臨機の処置を取るので、心配は無用だ」と断固として言い放った。象山は、「ご命令のような手配では、藩兵をもって外人に備えるのではなく、外人のために見物人を取り締まるにすぎません。見物人を叱りとばすだけの役目ならば、わざわざ多数

伝 松代藩大砲（横浜市中区山下町）
同藩により埋められたものとされる

の士卒を繰り出したり、武器を用いる必要もないでしょう。足軽の一人二人に青竹を持たせて、辻々に立たせておけば、それで充分です。しかしそれでは不測の事態に対応できませんので、米国との応接の日には、兵士を山間に配置するようにしたいと存じます」と象山も強硬に主張した。

幕府の役人も、これにはいささか閉口したが、それでもなお外国人の感情を害する恐れがあると称して、「それもならぬ」と言ってどうしても聞き入れない。多くの藩費を投じ、兵士に苦労をさせたことが水泡に帰してしまったので、象山は大いに失望した。そこで応接の日には歩哨兵《ほしょうへい》を付近に配置して、なんとか警護の責を果たした。

> 異人共五人十人むれを成し、既に小笠原様御固めの場所へ参り、鉄砲・弓等の道具を玩びものに致し候趣に候、いかさま御備の前へ始終参り居り候、御家の御人数の方へは、一向に参り不レ申其内三人か、少しく御人数の方へやや参り候わんと致し候が、一人此方にてよせ〳〵と申候が如き手つき致し候所、皆夫にて引き返し一人も御備の前へ参り不レ申候、是は全く不たんれんながら、法の如く人数立致し置き候故、侮り難く思ひ候ての事にも可レ有レ之候、小笠原様衆には公辺御役人方の申され候通に、人数ばら〳〵に立て、至て法則のなき様に見え候故に、其方へばかり向ひ候ものに可レ有レ之候、

これは象山が二月十日の夜、夫人順子に宛てて書いた手紙の一節である。小笠原様というのは小倉藩主のことで、同藩の陣立がなっていないのを見たアメリカ人が馬鹿にして、鉄砲や弓を玩具扱いしたが、当藩の武具にはまったく触れようとしなかった。それは、その陣立が法に適っていたからであると述べている。ここには、せっかく軍備を整え、調練したのにそれを存分に発揮できなかったこと、しかしアメリカ人の態度から、それが無駄ではなかったとするわずかな満足感がみてとれる。

アメリカの事情を探れ　米艦への侵入

西洋人を制するためには、まず西洋の事情を知らなければならないと、象山は早くから再三説いてきた。しかし世の人は誇大妄想であるとし、まったく誰も耳を傾けようとはしなかった。ところが実際にアメリカの軍艦が渡来し、その憂いが現実となったので、ようやく目を醒まし西洋の事情を探索する必要を認識した。諸藩では種々の手段を講じ、何とかして藩士を横浜の応接所へ送り込もうとした。

象山もまた異国船見分の幕府の役人に随行してアメリカ人に接触し、それによってアメリカの国情を詳細に探りたいと思って、幕府の儒者河田迪斎《かわだてきさい》らに働きかけたがうまくいかなかった。そこで浦賀奉行伊沢政義が先君幸貫と親しい間柄であったのを利用し、同人に依頼して高川文筌《ぶんせん》を幕府の医員、樋畑翁輔《ひばたおうすけ》をその薬籠持《やくろうもち》ということにして米艦に乗り込ませた。文筌は松代藩の定府医師であるが、幼少より絵図を好み、谷文晁《たにぶんちょう》の門に入って図法を学び、堪能の聞こえがあった。翁輔は藩の能役者にして歌川国芳《うたがわくによし》に学んで浮世絵をよくした。この両人が協力して描いたのが大隈重信の著『開国五十年史』に載せてある米使饗応の図である。これは応接係であった林大学頭《はやしだいがくのかみ》の了解の下にスケッチしたものであるから、もっともよくその様子が写されている。

文筌頻りに写し候へば、彼等も珍敷存し候哉、文筌の傍らへ参り図取り候を、為レ見呉候様と手真似致し候故見せ候所、殊の外歓び上手々々と国語にて申候、中に我肖像を頼度抔仕方仕候故、意に任せ認遣し候へば皆大悦致し、名を認め呉候様申候間、文筌写と相認め候へば、是は何んと申など申候に付、ぶんせんと申候へば、彼の字にて認め言葉にも能く覚え、ぶんせん〳〵と相唱へ候事、一奇事に御座候、其外種々の奇説も有レ之候へども、急き候故申洩し申候、これは二月十日、象山が武村金吾に陣中から送った書簡の一節で、文筌の活躍の様子を髣髴とさせる。文筌は写生しながら、アメリカ使節一行の挙動をはじめ、各種の情報を象山にもたらしたので、アメリカの事情を知る上において大きな便益を得た。

二月十七日、象山は馬に乗って横浜の海岸を通った。軍議役として警備の任に当たっていた時のことなので、従者も多く威風堂々たるものがあった。そこで一人の外国人がダゲロ式写真機を向けて象山を撮影した。ダゲロ式写真機というのはヨード銀を発光させ、水銀の蒸気に触れさせたもので、当時、アメリカで流行していたものであるという。この時、象山は家来に命じ、「写真の種板を作るにはヨードを用うべきか、それとも臭素を用うべきか」と尋ねたところ、その外国人が、「どうして日本人が、そんなことを知っているのか」と大いに驚いたという。

この時、アメリカ人は写真のピントを合わせるのに螺旋《らせん》を用いていた。それを見て象山は非常に感服したという。これ以前から象山はカメラを持っており、自分の肖像をガラス板に撮っている。それが今日、象山の肖像として伝えられているものである。象山はこの写真機を留影鏡と称していた。このカメラは三人共同の出資で四五両という大金をもって舶来品を名古屋で購入したものという。

いち早く提唱していた横浜開港案

嘉永七年二月二十日の夜、松代藩の軍議役として横浜へ出張中の象山は、たまたま幕府がペリーに威嚇《いかく》されて周章狼狽のあまり、江川坦庵の説を容れて、下田開港の日米和親条約を結ぶことにおよそ合意するらしいと耳にしたので、「それは天下の一大事だ」と驚き、総督の望月主水と相談の上、あわただしく横浜から江戸へ帰り、

「下田港は我が国の要害地であって、世界における喜望峰ともいうべき重要な場所である。もしこれを外国人が根拠地とし、海路を塞ぐようなことになれば、江戸は直ちに糧食を断たれて飢餓の巷《ちまた》となるであろう。それだけでなく下田は北に天城山を背負っているから、いざという時、砲台を送ることができない。だからといって海路で運送しようとしても、我が国には残念ながらそれを運べる船艦がない。もしあったとしても主客所を替え、攻守勢を異にしているから役に立たない。だから港を開くならば海陸の双方から、容易に兵を進められる所でなくてはならない。その条件に適っているのは横浜であり、この場所は江戸に近いので人々に油断がなく、自然と警備に力を注ぐようになるであろうし、またアメリカの長所を知って有益なことも多いであろう」と言って下田開港の反対運動を起こした。

初めこの説を藩主の意見として、幕府に建言するはずであったけれども、例によって藩中に反対者がいてできなかった。そこで翌二十一日、中堀織部正を訪問して長々と陳述したが、これも要領を得るに至らなかった。「この上は水戸侯にご理解を頂き幕議を動かすより他、良策はござるまい。将を射んと欲せば、先《ま》ず馬を射よというから、それには水戸侯のお気に入りの藤田東湖を説得し、彼に一肌脱いでもらおうと思うがどうだろう」と象山は主水に相談した。

主水は「修理殿、よくも気がつかれた。この場合それよりよい手はなかろう」と快く同意した。この時、すでに夜も深更《しんこう》に及んでいたが、象山はすぐに東湖を訪ねようと立ちあがった。「今夜はもう遅いので、明朝早くお訪ねになるのがよろしかろう」と言ったが、象山は、一刻の猶予もならぬとばかりに、すぐに馬を駆って小石川の水戸藩邸に東湖を訪ねた。

象山は「藤田氏《うじ》、かれこれ二〇年もお目にかからぬが、貴殿はいつもご壮健のご様子、誠に結構です。真夜中に推参しましたのは、天下の一大事の義について貴殿のご尽力を仰ぎたいからです」と前置きし、下田開港の不利なること、それよりも横浜が適当であることを理路整然と述べ立てた。そして「ご同意頂けたならば水

佐久間象山碑（横浜市野毛山公園内）

戸斉昭侯へお取り次ぎ頂きたい。もはや事ここに至っては、斉昭侯から閣老へ話していただくより他に手段がありません」と迫った。

　幕府のその場しのぎの開国論は、城下の盟（落城寸前での和平）にも等しいものであった。よって国威の失墜は甚だしく、これに憤慨する点において東湖も象山とおよそ同意見であった。そして仕方なく下田を開くならば、それよりもむしろ横浜を開くべしという象山の主張に感服し、「まさしく貴殿の言う通りであるから、機会をみて殿にお取り次ぎ致そう」と快く承引した。しかし象山は「いずれ機会をみて、といった悠長なことを言っている時ではありません。即刻、お取り次ぎ願いたい」と意気込んだ。東湖は「もう八ツ時（午前二時）ですぞ、すでにご就寝の殿を起こさずとも、明朝には必ずお耳に入れるので、今夜は勘弁してもらいたい」と、さすがの東湖も象山の勢いに困り果て、頼むように言った。「ならば明朝は必ず早くにお願いしたい」と念を押して、凍てつく大道に馬蹄の音を高く響かせて帰った。

　東湖はその後、山寺常山に対し「先日、佐久間が横浜開港のことでやって来たが、いやはや彼は難儀な男だ。議論も条理が立ち、理屈もしっかりしているが、何分過激な性質で、それが威猛高になって議論をふっかけるのだから実に強敵だ。私も随分、議論には強い方で負け嫌いな性分だが、彼との応答にはまったく攻守位置を替え、猫のようになってしまった」と語ったという。

　下田開港を建策したのは、象山が長岡藩のものから聞いたところによると江川坦庵であったらしい。川路聖謨は象山の意見をしばしば聞いているので、下田説には反対であったが、だからといって横浜説も突飛だとして浦賀を主張した。東湖は象山の説に同意であったから、二十二日の早朝、水戸斉昭侯に進言して幕議をくつがえそうとしたが、幕府は斉昭の意見さえも容れようとはしなかった。

　下田之事、建議の出所、長岡より御聞被㆑成候由、右出所は不㆑詳候へ共、管下の事故いづれ韮山承知は相違無㆑之かと奉㆑存候、念五朝川路氏へ面晤仕候所、同人は矢張り浦賀の方可㆑然との説に御座候ひき、朝暮横浜にて異船を眺め、越王の嘗胆に擬義は六ヶ敷相聞申候、陳皮茯苓に候へば、病家安心服用したし候へども、大黄巴豆等の激剤は、勿論附子人参さえも被㆑用不㆑申大息此事に御座候、

　東湖が象山の許へ右のような手紙を寄せているのは、非常に興味深いことで、当時、幕府の要職に器量の備わった人がいないことをありありと示しているといえよう。

　東湖の斡旋による徳川斉昭の建策も、その効果がなかったことを知った象山は、さらに門人小林虎三郎に命じて、その主人長岡藩主（牧野忠雅、当時閣老）に上申書を提出させて、横浜開港の運動を行ったのみならず、老中阿部正弘とつながりのある人を通じてこのことを耳に入れたが、いずれも功を奏さず、ついに下田開港の事が決した。これにより虎三郎は藩主から罪せられ、帰藩の上、謹慎を命ぜられるに至った。象山は虎三郎の不運を慰めて左の詩を贈った。

　久知天道易㆓推移㆒　家国興衰将㆑問㆑誰　伯紀遠謀人所㆑惜　椒山抗疏世徒悲　一方却㆑敵未㆑知㆑計　四顧
　称㆑雄何有㆑期　不㆑揆又遭㆓今日別㆒　傷心万事付㆓新詞㆒

　以上、述べたように象山の奔走はすべて失敗に終わった。しかし、その横浜開港説は実に卓見というべきで

あり、岩瀬忠震《ただなり》も後にはこの説を主張し、六年後、すなわち安政六年(一八五九)に横浜は開港となった。これは象山の意見に基づくものであるから、象山こそ横浜開港の恩人として不朽にその名を伝えられるべきであろう。また横浜開港により、日本には莫大な利益がもたらされることになるのである。

象山の精神 天下のためのご奉公

望月主水は家老職を勤め、禄千二百石を食《は》み、松代藩中矢沢監物に次ぐ大身であった。名を貫恕、号を致堂と称し、象山とは極めて親しい間柄であり、また有能な逸材であることを知り、藩主の側にあって象山の庇護に努めていた人物である。アメリカ艦が渡来した際、総督に選ばれると、象山を軍議役に推挙して横浜警固の任務をまっとうした。よって藩は主水の功労を賞して禄百石を加増した。

主水は職務が完遂できたのは、まったく象山の補佐がよかったからだと思っていたので、加増の中から若干の扶持を象山に分け与えたいと申し出た。しかし象山は、「ご厚意は誠に感謝に堪えません。しかし私は何も貴殿のために尽力したわけではなく、天下のために奉公を尽くしたまでであるので、せっかくではあるが、お受けできません」と言って、断固として申し出を受けなかった。象山の高潔さがよく表れている逸話といえよう。

間もなく象山は吉田松陰の事件に連座し、国許で蟄居するよう命じられた。この時、主水は喜んで御安町の別荘を貸与しているが、それは象山の高潔な行為に酬《むく》いたものであろう。

吉田松陰を叱る

　吉田松陰が初めて象山の門を叩いたのは、嘉永四年（一八五一）の夏であった。当時、象山は江戸の木挽町に塾を開いて西洋砲術を教授していた。その評判を聞いて諸藩の俊才が多く入門したが、松陰もその一人であった。時に松陰は密かに、象山は優れた人物だというが、洋学を商売として生活の糧を得ている悪徳な儒者なのではあるまいかと疑っていた。そのため多少軽侮の心を持って、普段着のまま面会を求めた。この時、象山は門下の人々の剣術の試合を見ていたが、やがてところ狭しと和漢洋の書籍で埋めつくされた書斎へ通した上、象山は虎の皮の敷物を出して、「これをお敷きなさい」と言った。

　松陰は初めて象山を見たのであるが、長身にして総髪、眼光するどくして人を射るがごとしで、その威容に接し、気おくれして躊躇《ちゅうちょ》しているのを見た象山は、「これは死んだ虎の皮だ、何も恐れることはありません」と言って大笑いした。これにはさすがの松陰も、すっかり毒気を抜かれたという。その真偽のほどは保証の限りではないが、いかにも面白い話である。

吉田松陰像（国立国会図書館蔵）

　象山は普段から立ち居ふるまいがきちっとしていて威厳があり、礼儀にやかましい人であったから、松陰の髪は伸び放題で整えず乱れた服装で、しかも平服《へいふく》であるのを見て、「貴殿は一体、私について道を学ぶつもりで参ったのか、それとも単に文字や言語を習うつもりで来られたのか、もし道を学ぶつもりであるならば、まず弟子の礼をとってきなさい」とたしなめた。松陰はその非礼を恥じて、早速、裃《かみしも》に着替え、改めて弟子の礼をとって入門したというが、これは信ずべき説と思われる。

身なりを整えて改めて入門を希望してきた松陰へ、象山は初めて東西の学術を説き、また天下の形勢を論じたが、その一言一句がすべて時代を先取りしているので、松陰はようやく象山の見識の高さに気がついた。

真田侯藩中佐久間修理と申す人、頗る豪傑卓異の人に御座候、元来一斎門下にて経学は一斎よりも優れたる由古賀謹一郎申し居候、一斎も亦数々是を称し候、其入塾生は砲術の為に入る者も必ず経学をさせ、経学の為め入る者も必ず砲術をいたさせ候様の仕掛けと相成居り候、西洋学も大分出来る由会々日ありて原書の講釈致し候一遍やらき丶申候、

十月二十三日、松陰は叔父の玉木文之進に右のような書を送っており、また翌年の九月には実兄の杉梅太郎に左のごとく申し送っている。

佐久間象山は当今の豪傑、都下一人に御座候、朱に交はれば赤くの諺、未だ其の何れに因るを知らず、慷慨気節学問あり識見あり藤森、塩谷、羽倉等皆国体を知る者なれども、大義を弁ずる者は象山先生其人物にて候、

実際、松陰は一度象山に教えを受けるようになってから、今まで接してきた諸儒者が見劣りしてならなかったのである。故に、

艮斎俗儒、甚だ之を鄙む、絶えて其門に入らず、林家、一斎、筒井等皆私議を唱ふる俗儒、艮斎も亦同類たるべし、

と評している。随分遠慮のない申し分であるが、象山の雄大なる気魄と学問に触れては、安積《あさか》艮斎などはまったく吹けば飛ぶようであったに相違ない。とにかく天下の奇傑《きけつ》、雄豪の象山と、天下の英傑松陰との師弟関係は、いかにも調和に優れた近世史上のよい出会いであったといえよう。

松陰のつまづきと象山の導き

松陰は嘉永四年の冬まで象山の塾にいて経学、兵書、砲術などを学んで大いに得るところがあった。ところが図らずも松陰の身に、つまづきをもたらすような事件が降りかかってきた。というのはこの年の六月、以前より親交のあった熊本の志士宮部鼎蔵《みやべていぞう》らとともに、房相沿岸の海備を視察し、さらに奥羽地方の見学旅行を企て、赤穂義士が討ち入りした日を出発の日と約束を交わした。ところが、なぜか期日となっても藩から許可が下りないので、旅行に最も必要な関所の手形が手に入らなかった。これには松陰もほとほと困ってしまったが、しかしついに意を決し、「他藩の士と約束してそれに背くようなことがあっては、武士として面目がたたない。藩が関所の手形を与えぬならば仕方のないことで、亡命するのみである。『男子の一諾《いちだく》は山よりも重い』というが、たとえこのために俸禄を奪われ牢人となろうとも、国に報いる道は他にいくらもある。こまごまとした常識の中であくせくするのは、私には堪えられない」と称して、ついに関所の手形を持たずに、約束の十二月十四日に出発したのである。そしてまず水戸に入り、その地の名士に逢って皇学の真髄を聴いて大いに得るところがあった。翌年の正月、水戸を出発して白河、会津を経て北越に行き、佐渡に渡航し、転じて羽州を過ぎて函館海峡を隔てて松前を望み、弘前、青森、盛岡を経て仙台から米沢に行き、日光を経て四月五日にようやく江戸へ帰ってきた。

しかし藩は松陰の行動を問題として亡命の罪に問い、士籍を削り世録を奪った。さらに長州萩に送られて実父杉百合之助にお預けとなった。しかし藩主毛利敬親《たかちか》の好意によって十ヵ年間の諸国遊学が許されたので、松陰は大いに喜び嘉永六年正月、萩を発し、安芸から四国に渡り大坂に出て、畿内東海を経て五月江戸へ帰ってきた。そしてひとまず旧友鳥山確斎《とりやまかくさい》の家に落ち付き、象山を訪ね亡命の罪に問われた顚末《てんまつ》を話し、その心の内を打ち明けた。

この時、象山は、「士は過ちがないことを必ずしも貴いとはしない。むしろ過ちを改めることが貴いのである。さらには過ちを償うことがより貴いといえる。国家に問題が多い時期であり、難事に立ち向かい、難しい問題を解決して功を立てるのが、過ちを償うことのもっとも大なるものである」と松陰を慰め諭した。松陰はこれを聞き、自分のとるべき道を悟った。何か大功を立てて帰藩の許しを得たいと決意し、象山にその方法を尋ねたところ、「藩のために功をあげて帰参を願うというのも、決して悪いことではないが、しかし天下の大勢から考えてみると、それはあまりにも小事ではないか。できるだけ大事を志すべきである」と答えた。

この象山の言葉にさらに感服した松陰は、「そもそも大事とは何をさすのでしょう。ぜひ承りたい」と尋ねた。象山はおもむろに、「今しなければならないのは列強の侵略に備えることだ。それには、まず敵を知り自分を知らねばならぬから、人材を選んで欧米へ派遣し、その情勢を調査しなければならない。実はこれまでも幕府の要人へしばしば進言してみたが、残念ながらまったく顧みられない。それなのに今では外国人は、我が国の表裏をすべて見透かしているのに対し、我が国では先方の事情を何一つ知らないのであり、これは実に心細い状況である。それ故、学才ある人物が身を犠牲にする覚悟で欧米に渡航し、二〜三年間、その事情を探索してきたならば、国家のために大変な功績となろう」と述べた。松陰はこの述べるところを聴いて、いよいよ感動し、ついにはその任務を果たすべく決心した。

松陰のアメリカ船密航事件

　ペリーが軍艦を率い初めて日本へ来た嘉永六年、象山は我が国の現状を憂い、燃えるような愛国の心から、急務十事を老中阿部正弘に上申したことはすでに述べた通りである。しかし川路聖謨のみが賛成しただけで、ついに採用されなかった。ところがこの時、幕府はオランダ人に委託して軍艦を購入するという風説が広まった。

　これを耳にした象山は門生を集め、「今度幕府では外国から軍艦を購入するそうである。それは誠に結構だと思うが、しかしいくら軍艦ばかり購入しても、これを操縦する技術がなければ駄目だ。また軍艦は一艘や二艘あっただけでは大した役に立つものではない。役立たせるには数十艘造る必要がある。しかし、それを一々外国から購入していたのでは時間がかかりすぎる。どうしても、我が国で軍艦を建造せねばならぬ。ならば一艘や二艘の軍艦を購入するよりは、高い技術と知識をもった数十名を選抜して外国へ派遣し、軍艦建造の技術を修得させるのがよい。そうすると万里の波濤《はとう》を往復するから、その間には自然と航海に馴れ、また海外の事情をうかがい知るのにも好都合である。私はこのことを幕府へ建議したが、採用されないのは誠に遺憾である」と演説した。

　この時、松陰は、「詩人は居ながらにして名所を知るといいますが、やはり名所を見なければ、本当ではありません。百聞は一見にしかずですので、外国の事情を探りに私が行こうと思います」と申し出た。この松陰の決意を聞いた象山は大いに喜び、「あなたならば誠に適任だ。ただ、それには国禁を犯さねばならない。何かよい思案はあるかのう」と象山はややしばらく思案していたが、やがてはたと手を打ち、「よいことを思い付いた。土佐の漁師万次郎という者が、先年アメリカへ漂流し、その国で学問を勉強して帰ってきた。しかしお咎めがないばかりでなく、今度のペリーの来航に際しては、幕府はこの者を召し出して通訳とした。ならば漂流ということにすれば、重き国禁を犯したことにはなるまい」と述べた。松陰は「それはこの上もない妙計奇策でござる」と感嘆した。

こうして松陰が漂流にかこつけて渡海すべく用意に着手している内に、アメリカ軍艦は明年に返答を受け取るという約束を幕府から取り付けると帰国してしまった。好機を逸したと失望していたところ、九月になって今度はロシアの海軍提督プチャーチンが軍艦を率いて長崎へ来航した。このことを知った松陰は大いに喜び、直ちに江戸を出発して長崎へ行こうとした。この時、象山は松陰を励ますために、

之子有二霊骨一　久厭蹙葦群　振レ衣万里道　心事未レ語レ人　雖二則未レ語レ人　忖度或有レ因　送レ行出二郭門一　孤鶴横二秋旻一　環海何茫々　五洲自成レ隣　周流究二形勢一　一見超二百聞一　智者貴レ投レ機　帰来須レ及レ辰　不レ立二非常功一　身後誰能賓

という詩を書いてやり、旅費として金四両を与えた。

松陰が象山の後援に力を得て、大急ぎで長崎へ辿り着いたのは十月二十七日であり、この時はすでに露艦が去ってしまった後で、その影さえも見ることができなかった。またもやチャンスを逸した松陰は失望して引き返し、途中京都において梁川星巌に逢うなどして十二月に江戸へ戻ってきた。そして象山を訪問し、封をしたまま旅費を返済して時機の到来を待った。

待てば海路の日和《ひより》とやらで、翌嘉永七年正月、ペリーが再び軍艦を率いて横浜へ姿を現した。今度こそはどうしても目的を達しなければならぬと、松陰は同志の金子重輔と相談し、米艦に近づくべく昼夜機会を窺ったが、うまい機会を見出さない内に米艦は下田港に去ってしまった。そこで艦の後追いをして下田港に赴き、三

米軍艦ポーハタン号（横浜開港資料館蔵）

月二十七日の夜、密かに漁舟に乗って柿崎沖を離れた。それは天地も眠る丑三《うしみ》つ時で、方角さえも分からず、さらには船具も満足でなく、技術も未熟であったから、思うように舟を進めることができない。

二人は必死の勇気を奮って、なんとか米艦ポーハタンに漕ぎつけた。そしてペリーに向かって米国へ同伴させてくれと懇願したが、「その志は立派だが、今は日米両国が、せっかく親密な関係を取り結ぼうという時であり、国法に背いて私があなたを乗船させ渡航させたら、両国の国交上必ずよくないことになるだろう。よって誠に気の毒ではあるが、聞き入れるわけにはいかない」と言って、どうしても承諾してくれない。せっかくの大志も空しく、やがてボートに乗せられて陸に送り還されてしまった。

さらに間の悪いことには、松陰の乗り捨てた漁舟が、波のまにまに漂って岸へ打ち上げられた。舟の中には行李《こうり》（竹などで編んだ箱形の物入）と大小の刀があり、これが下田奉行の手に渡っていたので、密航の計画が発覚してしまった。こうなっては逃れることができないと観念し、松陰は金子重輔とともに自首した。かくして二人は初め下田の牢屋に繋がれたが、後に江戸へ送られて伝馬町の牢屋へ入れられた。その行李の中には去年象山が松陰に与えた「之子有㆓霊骨㆒」の詩があったので、象山もまた関係していたことが判明し、四月五日に捕らえられて同じく伝馬町の牢屋に入れられた。

密航事件にかかわる尋問

欧米列強の脅威から日本を救わねばならないという、憂国の念から発した吉田松陰の渡航計画も失敗し、その関係者として象山も逮捕されるに至った。

自レ古懐レ忠被レ罪者、何限、吾無レ怨焉、但猶可レ及レ為之時、而不レ為、将レ使下病弊二至中於不上レ可二復救一、
是則可レ悲已、
縦予今日死、天下後世、当レ有二公論一、予又何悔何恨、

象山の苦しい胸中が知られる。

北町奉行井戸対馬守の糾問は辛辣《しんらつ》を極めた。しかし象山はまったく屈する様子もなく、毅然《きぜん》として、「航海を禁ずる鎖国の令はもはや死法であるのに、今なおこれを守るというのは、いかにも愚かなことではないか。すでに国法を犯して入港した軍艦は、内海を測量し、兵員を上陸させ、武力をもって威嚇して要港の下田を開港させた。ならば欧米列強の力を知り、その国情を研究しなければならない。ところが欧米の国情を探り、祖国のために尽くそうという忠誠の者を捕縛《ほばく》して獄に投じるのは、あたかも盗賊を防ごうともせず、手足を縛っておいて、盗賊のなすがままに任せるも同然である。人間にたとえるならば、隠し所までも外国人に見すかされてしまっていながら、なおかつこれまでの死法を守って、こちらは一向に諸外国の長所を採るべき手段も考えず、海外のことを知ろう、探ろうともしないのは、何という不甲斐ないことであろう。世が世であったならば、松陰らの行いは、かえって優れた行動として、その志は称賛されなければならないはずである」と極力松

陰を弁護した。

しかし、井戸対馬守は「その方が十年来、天下のために外冦の危機を吹聴《ふいちょう》し、松陰らをそそのかして今回の事件を引き起こしたことは明らかである。その志には、あるいは認めるべきものがあるかもしれないが、しかし厳重な国禁を犯した罪は、決して許すことができない」と厳然として述べた。

象山は「拙者が寅次郎（松陰）らをたぶらかして国禁を犯させたとの仰せは、誠に心外です。強風に吹かれて潮に流されて外国へ漂着するのは致し方ありません。これまではどこの国へ漂流しても終身禁固に処せられましたが、昨年帰国した土佐の漂民万次郎は、国法を犯したのにお咎めがないばかりか、今回は通訳として召し出されている。それならば間諜《かんちょう》のために外国へ行くことも、徐々に許してゆく方針であるが、朝廷がご多忙なので、まだその処置に着手できないまでのことでしょう。間諜のために渡航しても、諸外国からの侵略の危機に瀕《ひん》した現在、漂流とさえ名が付けば、寛容なる処分で済むかもしれないというようなことは、確かに寅次郎らに話して聞かせました。しかし国禁を犯すつもりなどは毛頭なかったのです」と抗弁に努め、容易に屈する様子を見せなかった。

対馬守は苛立《いらだ》って「詭弁《きべん》を弄すな！　万次郎の例を楯にとって、国法が弛《ゆる》んだなどと放言するのは、まったく幕府を侮辱するものであって不届千万である。万次郎のことは公方様にいかなるご深慮があってのことか、それは下々が推し量るべきことではない。漂流だというのは言い逃れの手段であって、これが国禁に当たることとは一点の疑義もない明瞭な事実である。たとえ非常時であっても法令が枉《ま》がることはない」と居丈高《いたけだか》になって申し渡した。

さすがに象山も抗弁を諦《あきら》め、「このような非常時でも法令は枉げられないとの仰せならば、もはや何も申し上げることはございません。存分にご処分願いたい」と象山は悪びれもせず、罪に服した。それにより九月十八日に罪が定まり、左のように申し渡しがあった。

御咎申渡書

真田信濃守家来　佐久間修理

其方儀和漢兵学・西洋砲術師範致し罷在、近年西洋之風教国力等、漸々盛大に相成、加之蒸気を以て走り候迅速之船出来候趣、先年書籍上之上にて発明し、自ら西洋も隣に候道理にて、特に異国船屡々渡来致し候に付、万一本邦を闚窬致し、近海へ軍艦を進め候儀も可レ有レ之と業体へ対し、実用の場合専ら御為を存じ、海岸防禦は勿論必勝之籌策を考へ、日夜苦心摧二肺肝一候処、戦者彼を知り己を知ると申内、当今の形勢は彼を知るに止り候義と研究致し候折柄、門人吉田寅次郎儀も其方同様海防策の義を平常痛心致し、外国へ渡り間諜細作を用い度旨議論致し、元来同志の申分にて其器に当り候者に候得共、異国へ渡り候儀重き御国禁に付、官許は有レ之間敷、自然漂流の体に致し成し手段を以て、西洋へ渡り事情を探索致し候はゞ、帰国の功も可二相立一旨申開、其後同人儀九州筋遊歴として発足致し候由にて、暇乞に罷越、右は渡洋の企と同人胸中を察候其意を含み、送別の詩作を送り候得共、右手段は不レ被レ行立帰り候後、当春亜米利加船浦賀へ渡来致し、主人信濃守儀、横浜表応接所警衛被二仰付一候に付、其方儀も軍議役として同所へ出張致し候砌、猥に異船へ近寄間敷旨、別段被二仰出一も有レ之所、水夫に紛れ異船へ可二近付一と吉田一郎へ相頼み、或は吉田寅次郎儀重之助倶々に宿陣へ尋参り、異船へ可二乗込一と通弁の為に投じ候漢文の書翰草稿を差出し候迚、添削致し遣し、特に寅次郎儀異船へ寄候策を索め候節、是又吉村一郎へ頼みの文通認遣し、終に寅次郎外一人之儀下田表へ相廻り、同所において上陸の異人へ、右書翰を投じ置、夜中窃に異船へ乗込、外国へ同伴相頼候得共、不レ到二承知一被二送戻一候次第に至り候段、専ら御国の御為を存量候旨を申立候得共、元来同志にて重き御国禁を犯し候段不届に付、真田信濃守へ引渡於二在所一蟄居申付、同時に松陰もまた、その在所において蟄居が命じられた。時に松陰は二五歳、象山は四四歳であった。初めは終身禁固か死刑が相当だとの意見があり、軽い処罰で済むとは到底思われなかったが、象山の親友川路聖謨が、この窮状《きゅうじょう》を聞き知って大いに憂慮し、「松陰が国禁を犯すに至ったのは、それがたとえ象山の勧めであっても、憂国の志から海外の事情を探ろうとしたのである。この国家多事の際、万一、象山・松陰のような優秀な人材を失うようなことになれば、それこそ天下の一大損失である」と主張し、老中阿部正弘に面会を求め、その所存を陳述し軽い処分を求めた。

象山はかつて聖謨の斡旋《あっせん》をもって急務十事を阿部に上申したことがあり、阿部もまた象山の逸材たることを知っていたので、聖謨の主張を容れて、内々に井戸対馬守に連絡をとり、象山の処分を蟄居という比較的軽微な処分としたのである。

象山の悪評

幕府の尋問に対し、象山は前記のように反論しただけでなく、逆に自分の主張するところを説明するなど容易に罪を認めようとしなかった。反対に吉田松陰は、「国禁であることは元々、承知の上でやったことである。諺《ことわざ》にも『事成るは王に帰す、事敗るは身独《ひと》り座すのみ』とある。もしこの企てが成功したならば、朝廷のため、藩主のためにもなったはずであるが、不幸にも失敗してしまった。事ここに至っては、国禁を犯した罪で斬首となっても一向、仕方のないことである。それは初めから覚悟の上でのことである」と、あっさりとその罪を認めてしまった。弟子の松陰の潔い態度に比べて、象山の態度はいかにも女々しいと非難する者があった。これに対して松陰は「先生が役人に対し言い逃れをしたと言う者がいるが、それは間違いである」と、恩師のために極力その誤解を解き、また「このような悪評を流した者は、幕府の役人である」と見破って、左のような事実を述べている。

北町奉行の井戸対馬守の手下である留役《とめやく》の松浦安左衛門が、初め下調べをしたのであるが、象山の理路整然たる抗弁で、松浦はかえって度々、窮地に陥った。身分の低い役人の常として、「虎の威をかる狐」の本性を現し、「修理、その方が和漢古今の学問はもとより、西洋の学にも精通している大儒・碩学であることは承知している。しかし自分も幕府の法律はすべて詳しく暗記しており、それで尋問に長けているからこそ、特にこの役職を任されている。奉行所にいる者は自分だけでなく皆そうである。たとえその方が大学者であったにせよ、法令のことでは負けることはない。もし書について、その方の講釈を聴く時は、二の間に下って拝聴もしようが、しかし今日の取り調べでは、少しも譲らぬぞ」などと虚勢を張るのも笑止である。

やがて聴取書が一通りできたので、松浦は声高々とこれを読み聞かせた。ところが「沿革」という字を松浦が「ハンカク」と読み違えたので、象山は「ただ今ハンカクとお読みなされたが、それはいかなる文字ですかな。失礼ながらお尋ね致す」と皮肉ったので、松浦は烈火のごとく怒り、「供述の確認のために復読しているのだ。どうして一々字義を討論する必要があろう。このように無礼なことを申すのは、つまりは幕府を軽蔑しておるからであろう。この不埒者《ふらちもの》め」と怒鳴り散らした。象山は「なぜ私に軽蔑する気持ちがありましょう。これはもっての外の仰せでございます」と、象山の厳然たる音声は、松浦を叱咤するようにも聞こえた。

象山が当時、高名な儒者であることは、幕府の役人もよく知っていた「沿革」を「ハンカク」と読み違えるような、無学の役人であったので、象山を尋問するに際し、すでに引け目を感じていたのである。それを隠すために、居丈高に怒鳴り散らしてみたものの、象山は一向に屈する色なく、正々堂々と抗論するので、口惜しまぎれに、象山の態度は未練がましいという悪評を流したのであろうことは、松陰がすでに看破した通りである。元来、松陰は理智にも勝れていたが、それよりも情にもろい人であった。

　　かくすればかくなるものと知りながら　やむにやまれぬ大和魂

という彼自身の歌は、よくそれを表しているものといえよう。したがって「死を見ること帰するが如し（家へ帰るように死を恐れない）」で、あまんじて死につくことができた。

　これに対して象山は、情の人というよりも、むしろ理智の勝った人である。あくまでもその理を究めないと済まない性分で、この点、松陰とはかなり異なっていた。そうした違いから、象山は死を惜しむ者と誤られるに至ったのである。

　義卿は苦死は出来ぬ男、甘死は長所敢て人に恥ぢず、何となれば情人なればなり、嘗て幕廷に鞫せられたる時、僕を無眼人が象山より誉めたるも是なり、僕は万死自ら分とす、一死を甘んじて居、象山は中々甘んぜぬ故に象山惜死の評あり、是象山の気根実に余に勝る、然れども人各有レ能有二不能一、余必ずしも象山を学ばず候、

　これは野村和作に寄せた松陰の書状であるが、両人の性格の異なる点を、余すところなく説いているといえる。それはともかくとして、師は弟子をかばい、弟子は恩師のために誤報を糺《ただ》すという、誠に美しい師弟愛の情景といえる。

松陰との永久の別れ

吉田松陰の密航事件に連座し、江戸伝馬町の牢獄に投獄されて以来、象山は約半年間にも及んで、町奉行の法廷で尋問された。かの有名な『省諐録《せいけんろく》』はこの間に、血と涙をもって記された不朽の文辞である。その獄中にある間、象山と松陰とが顔を合わせたのは、わずかに法廷でのみであった。判決のあった日も、この両雄は顔を合わせても、黙礼したのみで一言も交えることができずに、西と東に袂《たもと》を分かたねばならなかった。

奉レ別時官吏満レ座、言不レ可レ発、一拝而去、今乃隔レ地三百里、毎聞二鶴唳雁語一、俯仰低回不レ能二自措一、

松陰は右のように述べている。「真情の流露《りゅうろ》一読人をして歔欷《きょき》を禁じ能《あた》わざらしむる（その心の内がほとばしり、読む者の感涙を誘う）」ものがあるではないか。

象山もまた前年、松陰がロシア艦を追って長崎へ向かった時、送別の詩を書いてやったことを追想し、感慨に堪えなかった。そこで、

かくとしも知らでや去年のこのごろは　君を空ゆく田鶴にたとえし
罪を得しもとの心をたづぬれば　末たのもしく思ひやるかな
はる〳〵とさかる伊豆島ゆげ船に　近よる君を見ぬがわびしき

と詠んだ。

かくして象山は信州松代へ、松陰は長州萩へ護送され、それ以後、師弟はついに再会する機会のなかったのは非常に残念なことである。松陰は翌安政二年（一八五五）、その罪を赦《ゆる》されるに至り、さらにその翌三年の七月、学塾を開いて門生を育てた。これが有名な松下村塾である。

第六章　松代での蟄居の時代

松代での蟄居の様子

蟄居が命じられて、象山が松代へ護送されてきたのは安政元年(一八五四)の晩秋であった。初め甥の北山安世方の世話になっていたが、間もなく藩老望月主水《もんど》の別邸を借りて、そこへ移った。

望月の下屋敷は御安町にあり、かつて藩主から拝領したものである。三千余坪の広大な庭園には、二株の老《おい》松《まつ》と、百数十本の桜樹が生い茂り、美しい竹林もあれば、風雅な四阿《あずまや》もあり、その間にはまた怪石を配し、しかも清らかな泉が滔々《とうとう》と湧き出て池をなすなど、四季の眺めに適した素晴らしい場所であったから、象山は非常に満足し、ここに「面壁九年《めんぺきくねん》(達磨が岩に向かって九年間坐禅を組んだこと)」の蟄居生活が営まれたのである。象山が普段使用する部屋と定められた二階の八畳敷は、古戦場として名高い川中島の風景を一望でき、その眺望《ちょうぼう》のよいことは、松代第一といっても決して過言ではなかった。そこで象山はこの建物を聚遠楼《しゅうえんろう》と名付けた。

象山は幽閉されてはいたが、憂国の志は瞬時であっても途切れることはなかった。そのため、あるいは藩老に書を送って国策を説き、あるいは友人知己と書簡の往復をして時事を論ずるなど、ほとんど蟄居の身であることを忘れたかのような有様であった。それだけでなく、他藩の志士で象山を慕って松代へ来る者に対しては、内密に砲術を教えるなど、むしろ不謹慎とも思われる行動があった。

親友の中には「あなたは今、蟄居の身であるから、他藩の志士と会談することさえも遠慮せねばならぬのに、砲術を教授するなどは感心できません」と、好意的に忠告する者もあった。象山はこれに対し、「人が学問をするのは国に報いるためであって、またそれを教えるのは、世を救うためである。私は謹慎中ではあっても、国家の困難な状況であることは、一時たりとも忘れることができない。故に有志の士が、はるばると松代まで来て、教えてくれというものをどうして拒むことができよう。故にその器量に応じてこれを啓発《けいはつ》してやっている

高義亭 聚遠楼（象山神社提供）昭和53年に同社境内に移築されている

が、そのためにまた罪に問われようとも、それはやむを得ないことだ。かつて宋の蔡元定《さいげんじょう》は韓侂冑《かんたくちゅう》が朱子学を禁じた時、道州に流された。元定の名を聞いて教えを受けにくる者が多かった。元定を慕う者が、生徒は謝絶した方がよいでしょうと忠告したところ、元定は『彼等が学問をしにくるものをどうして拒むことができよう。もし災いが訪れるならば、たとえ門を閉じ穴を塞《ふさ》いだとても、これを避けることができない』と答えて意に介さなかったという。私は元定の意気を愛している。災いというものは運命であり、運が悪い以上は、たとえ門を閉じ、穴を塞いでも避けることは不可能である。だから災いに遭うのが恐ろしいからといって、講学を廃するようなことをしては、学問を大切にしているとはいえない。しかしこの理を知らずに、もっぱら災いを避けることに懸命となって、自分の信念を枉《ま》げる者がいる。そのような人は運命を知らない人であり、節操のない人である。学者のすべきことではない」と言って承知しなかった。それらのことがいつしか幕府の知るところとなり、安政二年九月六日、老中阿部正弘から藩主へ次のような注意がなされた。

佐久間修理事、先達引渡相成候以来、慎居候へ共、尋参候者へは面会も致し、軍学砲術教授に及、入魂の向へは書翰往復等致し候を、其方家来共より差留候由に相聞候へ共、尚此上他人面会書翰往復等致し候ては、修理為筋にも不レ宜候間、堅く差止、当節之所は別て能々相慎居候様可レ被レ致事、これ以来、藩は訪問客を差し止め、書簡の往復を禁止し、そして門口には番人を置いて見張りをさせ、親類縁者であっても象山の許へ出入りする人の氏名は、一々書き留めて差し出させるなど、急遽取り締まりを厳重にした。それにより不都合なことも増えたが、読書三昧にはかえって都合がよかった部分もあったらしい。

無事楽㆓清虚㆒　陋居亦不㆑悪　薬酒四五盞　異書二三策　窓隙香煙流　座間松露滴　終日対㆓翠屏㆒　不㆑羨
岩楼客

蔵晦応㆓吾道㆒　放散即天意　須㆘飲㆓一壺酒㆒　以尽㆗千日酔㆖　長巻古人文　大筆快意字　有㆑時成㆓独笑㆒
澹然忘㆓世事㆒

この屏居《へいきょ》の詩二首により、その閑寂《かんじゃく》を楽しんだ様子がうかがわれる。

開国論への転換と欧米文明への傾倒

開国進取の先覚者である象山にも、「点虜《てんりょ》今当《まさ》に故国を離れんとす」という詩があるほどで、初めは西洋の文明をさほどには思っていなかったらしい。そのため鎖国を唱え、攘夷を主張したこともあったほどで、決して初めからの開国論者ではなかったのである。すなわちその三二歳頃までは、外国人はただ利にのみ賢く、道徳仁義をわきまえない蛮民《ばんみん》であると理解していたのである。故にその国と交易を開く時は、国家に有用な日本品を無用な外国品に取り替えることになるから、開国は容易に許してはならないと主張している。つまり鎖国攘夷論者であった。しかし外国の事情も知らないで、ただ「攘夷！　攘夷！」と絶叫し、いたずらに強がりを言っ

電信実検の鐘楼（長野市松代町・真田宝物館提供）

て息巻いている尊王攘夷党のような無謀な攘夷論者とは自然とその性質を異にしていたのである。

象山が世界の大勢を達観《たっかん》し、真に開港貿易の必要を痛感するに至ったのは、蘭学を修め西洋の原書を読んでから後のことである。しかし、ペリー来航の当時は、西洋の事情を理解することが、まだ充分ではなかったかもしれない。しかし故郷に蟄居してからは、別にすることもないので、ますます西洋の学術・技術を研究した。このため象山の知識は一層進歩し、ついに開国進取の先覚者となるに至ったのである。

象山は多くの洋書を読むにしたがって、外国の制度文明が遥かに我が国に勝っていることを知った。今まで「点虜」などと称して西洋人を賤《いや》しんだことの誤りを大いに恥じ、以後はそうした表現は一切、使用しなかったという。たまたま門生らが洋夷《ようい》だとか、醜虜《しゅうりょ》だとかいって力んでいるのを聞き、「それは徳もなく、廉恥心《れんちしん》もない野蛮人を指す言葉である。今、来航中の西洋人はとても文明的で、礼儀を弁え知識を磨き、互いに国威を発揚するに努めている。だからお前たちの言葉はまったく見当違いだ。今後は外蕃《がいばん》とか、外国人と呼ぶべきである」と諭した。

文久二年（一八六二）九月、時局を憂慮して幕府へ上申しようとした象山の草稿には、この点が一層明確に述べてある。

向後外国を斥して戎狄夷狄と御称呼無二御座一候様、有二御座一度奉レ存候、凡戎狄夷狄の称は、漢土の中つ国にて四辺の外邦をさし候辞にて、代々の歴史御本邦の如きをも、皆東夷伝に収め候、是は全く漢土の彼の如く蚕く闢け、代々聖智の王者出られ、賢才の臣下多くこれに従ひ、人倫の教も明かに、礼楽政刑制度文物形の如く備はり候故に、倫理綱常もなく、文字の教も届かざる辺陲の氓をば、禽獣蟲豸の如くにも被レ思候故に、戎狄とも蛮貉とも呼ばれたる事に御座候、其中癖遂に常となり、御本邦の如き常綱正しき君子国迄を夷狄と申候は、漢人既に誤り候義に御座候、然るを御本邦にも又其誤りに倣ひ、只管外邦他国を貶し、学術技巧制度文物此方より備はり候と見え候有力の大国を、戎狄夷狄と御称呼被レ為レ在候は、甚如何之御義と奉レ存候、御勅宣とて世にもてはやし候上は、万一外蕃へ伝播仕るまじきに無二御座一、其節はいたづらに諸大邦の怒を起こし候筋、御損なる御事と奉レ存候、よしや左迄に至り候はずとも、天下の御大政を御委任被レ為レ在候東府に於て、御交通有レ之其国々の使節官人は、皆夫々賓礼を以て被レ為レ待候を、無下に蛮狄と御称呼御座候はんこと、御不都合之御義と奉レ存候、

当時は朝廷でも、また幕府でもむやみに夷狄《いてき》という呼称を用いていた。尊王攘夷論のやかましい時代であったから、世論に迎合《げいごう》したものであろう。しかしこれが外交上に及ぼす影響が重大であることを憂慮して、政権当局を啓蒙《けいもう》するために執筆したもので、その論旨は理路整然としており、俗論を超越した名論といえる。象山はまた外国貿易について次のように述べている。

私儀理財の術学び候事は、無二御座一候へ共、西洋諸蕃貿易の理を以て国本を立て候大略は、承知罷在候、依て愚意奉レ存候には、是迄の御会計に被レ為二立置一候外、別に専ら西洋の貿易理材の術御取用ひ、御老中様の御内にて其御掛り被レ為レ定、公儀御船を以て其御定額をも被レ為レ立、不断清国を初め五世界に往来して、彼の民と貿易し其出方を以て、防海の御入費、外蕃御接待の御用途に被レ為レ充度義と奉レ存候、

これをもって、純然たる開国論者となったことが知れる。

しかしながら象山の開国説は、幕府の指導者がなんらの見識もなく、欧米列強の恫喝《どうかつ》に屈して、対決してゆく気力を失った結果、やむなく唱えたような屈辱的な開国説とは、まったくその意趣を異にしていたのである。故に幕府の場当たり的な開国論に対しては、徹底してこれに反対したのである。

梁川星巌に密使を送り外交問題に意見する

安政三年七月、米国からハリスが来日し、総領事として下田に駐在することになった。彼は嘉永七年（一八五四）三月、ペリーが結んでいった日米和親条約を一歩進めた通商条約を締結すべく、翌安政四年、将軍家定《いえさだ》に謁見して大統領の国書を手交《しゅこう》した。老中堀田正睦《まさよし》は蘭癖《らんぺき》先生というニックネームを付けられたほどの人であるから、開港貿易が避けられないことであることを知り、勅裁《ちょくさい》を得て条約書に調印することを約束した。そして林大学頭韑《あきら》、津田半三郎正路《まさみち》の両人を京都に派遣し、その勅許を得ようとした。

当時朝廷の方は勢力が次第に加わるに反し、幕府の方はいわゆる「強弩《ごうど》の末魯縞《まつろこう》をも穿《うが》たず」で往年の威力がなかった。そのため京都では、さすがの林大学頭も散々に翻弄された。林が石清水八幡へ参詣した時、酸化した御神酒《おみき》を呑まされて腹痛を起こしたことがあった。

此度は儒者の取り置きまぬけ山　御酒のすいのは神のばち〳〵

という落首を詠む者があるなど、当時は朝廷側の人々の鼻息がいかに荒かったかが分かる。こんなわけで林大学頭が失敗して帰ったので、さらに翌五年正月には、老中堀田正睦が海防掛川路聖謨、岩瀬忠震を従えて上洛することになった。

堀田正睦は海外の情勢に通じた知識人であった。その見識と政治能力の高さにおいて当時、一流の人物であると信じていた象山は、その対外政策に大きな期待を寄せていた。しかしハリスに恫喝されて屈辱的な仮条約を締結するに至って、その期待は裏切られた。そこで象山は安政五年正月二十六日、蟄居中の身であるにもかかわらず、禁を破って門弟馬場常之助を京都に派遣し、同志である梁川星巌に密書を送った。それはとても長い文であるが要旨を記せば、

日本国には天皇の土地・人でないものはない。それなのに国内に日本政府の命令の行われない、いわゆるミニストル（公使）を許すというのは、けしからぬことである。もしやむを得ず許すならば、第一に朝廷へ奏聞し、その後に許可するのが当然である。そうでなければ、国体《こくたい》に背くものであって、この点については堀田閣老もおそらく申し開きができないであろう。こうした場合は、その処罰を受けねばならない。しかし、よくよく今の世を眺めて見てみるに、官僚としての才能があっても、武将としての才能のない者ばかりである。そうした時代であるのに、堀田侯のような英傑を失うのは国家の損失である。よって今回の失策の罪を不問に付し、今後はこれまでのようなおざりな政治を改め、ロシアのピョートル帝のように、広く人材を選んで外国へ派遣し、さまざまな技術を習得させ、また外国から学術に秀れた者を呼び、優遇して我が国にない技術の師として、機械学を起こし、工作場を開き、大艦を多く造り、航海商業を盛んにしなければならない。また諸外国が日本にミニストルを置くならば、こちらからもミニストルを外国に置き、いずれは外国との交易で利益をあげ、英仏米露諸国にも劣らぬ国力も持つようにしたい。これは堀田侯ならばできるであろう。だから堀田侯の罪が許されるよう運動してやってくれ。

というものである。

　幕府の力で外交問題を有利に解決するようなことは、まったく思いもよらぬことである。しかし公卿もまた微力であって頼むに足らない。そこで堀田正睦らの上洛を機会に、公武の融和を図り、挙国一致して外国と対等の条約を結ばねばならないと思考した結果、その斡旋を星巌に依頼したのである。

　星巌は名を孟緯、字を公図、通称を新十郎と称し、美濃国の人である。当時、星巌は京都に閑居し、悠々自適に詩を詠みながら密かに勤王の志士と気脈を通じて画策していた。今回、幕府がハリスの圧力に屈して、屈辱的な条約を結んだことを聞いて憤慨し、朝廷の要人らを訪ねて攘夷論を説き、その理解を広めてゆこうとしていた時に、以前より尊敬していた象山からの密書に接し、その意見に共鳴した。そこで早速、主要な公卿に連絡をとろうとしたが、折り悪く数日前より腹痛をおこし、絶食して臥していたので、同志の池内大学にその斡旋を依頼した。大学は儒者で九条尚忠・鷹司政道・中山忠能・中川宮などの諸家へ出入りしていたので、およそ都合よく事が運んで、象山の意見書を関白九条尚忠に上申することができた。

　象山は星巌の取り計らいに感謝し、自身の提議が朝廷へ届いたことを喜び、さらに国防整備・国権伸張の策を述べて、禁裡《きんり》の防備を厳重にし、親兵を設けて朝廷の威光を高めるよう意見書を認め、再び常之助を密使として星巌の許へ遣わした。

　方今の世は、和漢の学識のみにては、何分不二行届一、是非共五大洲を総括いたし候大経済に無レ之候ては、難レ叶候、全世界の形勢コロンビユスが窮理の力を以て新世界を見出し、コペルニキユスが地道の説を発明し、ネウトンが重力引力の実理を究知し、三大発明以来万般の学術、皆根柢を得、聊かも虚誕の筋なく悉皆着実に相成、是に於て欧羅巴、弥利堅諸州次第に面目を改め、蒸気船、マグネチヒ、テレガラフ等創製し候に至り候て、実に造化の工を奪い候義にて、可レ愕可レ怖模様に相成申候、爰にては是非共、司馬法に申す所の両是の手段に仕候の外無レ之奉レ存候、此両是の術は、古来兵法の第一義にて、敵国に対し候ても、中国に莅て四夷を撫し候にも、此術無レ之候ては、決して其の志を得候事能はざる義と奉レ存候、

　これは象山が星巌に送った手紙の一節であり、西洋に関する知識がすでに今日の程度まで進歩していたことが分かる。象山が再び星巌に送った書状の要旨は、朝権回復、宮城の警備、公武合体、外交、国防その他当時緊急の事案に関し、その意義、精神を余すところなく表明したものであって、星巌はこの度もまた、朝廷の要人を巡って象山の主張を伝えるとともに、久我《こが》家の家司である春日潜庵《かすがせんあん》にも尽力を依頼した。潜庵は名を仲襄、字を子賛、潜庵と号した儒者である。鎖国・開国の論議が起こると、深くこれを憂い、懸命に国事に奔走し、内には久我建通《たけみち》を補佐して、関白はじめ諸卿と謀議し、外には天下の志士と通じて大いに画策をめぐらした偉丈夫である。

　開港条約調印の勅許を請うために上洛した堀田正睦は、朝廷の要人へ極力開港のやむを得ない事情を説明したが、当時、京都は鎖国攘夷論が盛んであったため、幕府の開国説にはとかく反対する者が多かった。結局、堀田らの滞在三ヵ月にも及ぶ努力の甲斐なく、幕府の外交政策は完全に否定され、そのために朝幕の間には越え難い溝が生じた。このことを聞いて象山は憂慮し、早速、アメリカ使節との対応案を起草し、藩主の名をもってこれを幕府に上申しようとした。そして目付役斎藤友衛《ともえ》に上申書の案を持たせて出府させようとしたが、藩主側にそれを阻止しようとする者があって行われなかった。そこで藩主幸教の口上書を添えて提出することとしたが、川路聖謨及び岩瀬忠震の参考となるに過ぎなかったので、象山はこれを深く遺憾とした。

　しかし紛糾を重ねた通商条約も、彦根藩主井伊直弼《いいなおすけ》が大老《たいろう》となるに及び、英断を下して調印が行われ、その批准交換のために我が国から、使節を外国へ派遣することになった。これは安政六年のことで、この時初めて咸臨丸《かんりんまる》という船を仕立てて、独力で米国へ渡航することとなり、その船長には象山の門下生の勝麟太郎（海舟）

が選ばれた。ついに象山の自説が実行されることとなり、その喜びは大きかった。

吉田松陰の使者高杉晋作との対面

井伊大老の英断は、尊攘派の面々をいよいよ憤激せしめた。ことに大老が腹心の間部詮勝《まなべあきかつ》を老中として京都へ上らせ、瞬く間に幕府の政策に反対する頼三樹三郎《らいみきさぶろう》・梅田雲浜《うめだうんぴん》・春日潜庵、その他数十名の同志を、一網打尽に検挙しただけでなく、江戸においても橋本左内《はしもとさない》をはじめ、多くの志士を同時に捕えて獄に投じたので、極度に尊攘派の反発が尖鋭化されて、井伊大老の暗殺が計画されるに至った。この時、梁川星巌の宅へも逮捕の役人が向かったが、それより一日前に病死してしまったので、縄目の恥辱を受けずに済んだ。そのため世の人は、「星巌という男は、詩も上手だが、また死も上手だ」と批評した。

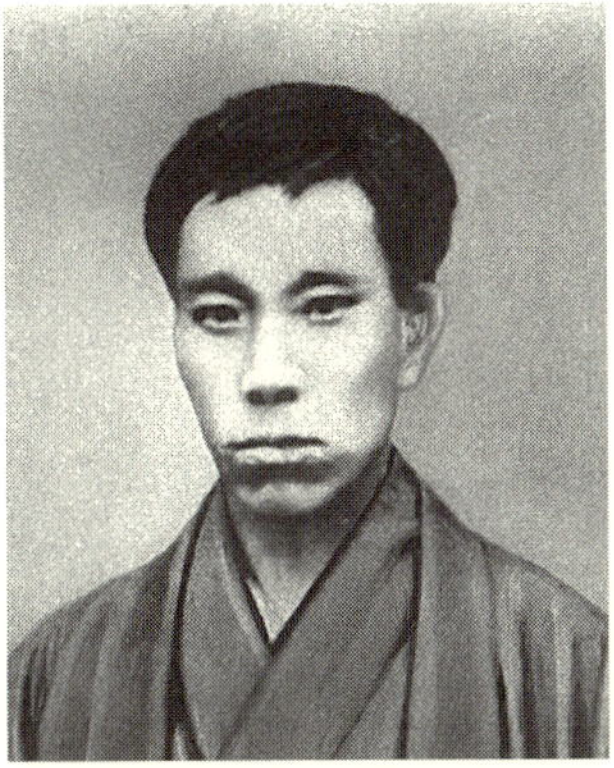
高杉晋作肖像（国立国会図書館蔵）

吉田松陰は、当時長州萩で松下村塾を開いて門弟の教育に従事していたが、朝幕の関係がいよいよ緊張し、水戸の志士らが密かに井伊大老を討とうとしているという風聞を耳にし、憂国の一念から同志を糾合し、彼等より先に間部詮勝を暗殺して、勤王の血祭りにあげようと計画した。これをいち早く探知した長州藩は、松陰をその家に幽閉し、さらには再び野山の獄に投げ込んでしまった。松陰は牢獄にありながらも、なお憂国の念を禁じ得ず、安政六年（一八五九）四月二十五日、次のような意味の密書を象山に認めて門弟高杉東行（晋作《しんさく》）にこれを託した。

先生とお別れしたのも昨日のように思われますが、すでにそれも数年の昔となってしまい、お会いしたい気持ちでいっぱいです。国家はいよいよ危機に直面しているにもかかわらず、天下を救う策について教えを求める人もなく、誠に残念に思っております。そこで門人高杉暢夫（晋作）を、先生の許へ遣わすので、

一、幕府の諸侯の中では誰を信頼すべきか。

二、我が国のありかたは、どのように定めるべきか。

三、自分も適当の死に場所を得たいと思うが、それをどこに求めるべきか。

右の三項についてご教授下さい。この高杉はまだ若年であるが、相当役に立つ男であるから、この者を拙者と思ってよろしく御教授をお願いします。

高杉は右の密書を携えて、早速、象山を訪問するはずであったが、何かの都合でそれが延引し、翌万延元年九月二十一日、ようやく松代へやって来た。そして中町の宿長崎屋新三郎方へ投宿した。武者修行の廻国というふれ込みであったから、翌二十二日は文武学校へ出向いて藩の剣士と試合を行い、夜に入ってから象山に面会して、松陰の密書を手渡し、そしてその教えを願ったのである。

初め御安町の聚遠楼へ行き、象山を訪問した高杉は、玄関口から堂々と面謁を求めた。喜んで面会してもらえると思っていたが、意外にも蟄居中であるからといって面会が拒絶されてしまった。それは監視が厳重で、公然と他藩の士と会見することができなかったためにほかならない。高杉は困惑し、「幾山河《いくさんが》を越えて遙々訪ねてきたのに、面会することができないというのは、いかにも残念である。なんとか面会の手段はあるまいか」と長崎屋の主人に相談したところ、「山口屋甚右衛門という武具屋がいる。常に先生の許に出入りし、気に入られて勝手向きの用さえ働いている男であるから、この者と相談してみたら、よい手段があるかもしれない」とのことであった。

高杉は早速、甚右衛門に事情を打ち明けて斡旋を依頼した。山口屋もなかなか義気のある男だったので、二つ返事で面会の秘策を授けてやった。その結果高杉は、「武者修行のために廻国する旅の士であるが、にわかに病を発して困っている。聞くところによると藩士佐久間修理先生は蘭法の医術に長じておられるとのこと、ぜひに御診察を願いたい」と藩の目付役へ願い出た。「診察ならば差し支えない」と許可が出たので、その夜、高杉は象山に首尾よく面会することができた。

これより先、安政六年十月二十七日、松陰は年わずか三〇にして小塚原《こづかっぱら》のほとりの露と消えてしまった。象山は、その愛弟子《まなでし》の高杉と松陰の想い出話をしながら、「松陰はあまりにも事を急ぎ過ぎた。そのためこの災いを招いた」と言って、さめざめと涙を流した。それから高杉の攘夷論を聴取し、その不可なるゆえんを丁寧に説き聞かせ、ついに夜を徹するに至った。時に高杉はまだようやく二一歳の青年であったが、その会見の後、「自分は今まで随分多くの人と交わり、また出会いもしたが、佐久間ほど毅然として威儀の正しい人を見たことがない。けれどその中には温情があふれていた」と言って象山を褒め称えたという。

西洋医師としての象山

象山は砲術を研究するために蘭学を学んだ。当時、江戸における蘭学の大家はみな蘭法医であったから、自然と象山も蘭法医書を読み、その術を会得した。初め漢方の医書を読んでいたが、理論が杜撰《ずさん》で、さらに療法もなにかと迂遠《うえん》で、西洋の医術に比べると非科学的のそしりを免れない。そのため漢方医学にあきたらず、何でも蘭法でなければならぬというほど、西洋医法に心酔していた。そのため西洋医学への造詣に至っては、専門医家と比較しても遜色がなかったというよりも、むしろ多くの部分で一般医師よりも卓越していたのである。

小弟の凡人にまさり候所は、書上に於て研究候事を、事実に施し誤りを成し不レ申候事、是は一得と存じ候事に御座候、医業なども人に学び、修業致し候にては無レ之、唯書上より悟入候事に御座候所、両三年の間に死を救い生を回し、衆医の手を束ね候をも日ならずして健康に復し候など御在所、上田、須坂、飯山辺迄に数を知らず有レ之候、其時々日記を以て此表歴々の医家へ見せ候所、多く常流の及ばざる所とて称し申候、是等は細事に候得共、小弟学び候所、皆実用を成し候事は、是を以ても概見すべき事と奉レ存候、

（嘉永三年四月二十七日付 三村晴山に送った書簡の一節）

実用の役に立たない学問を、無用の学として排斥したほどであるから、象山は知り得たことは必ず実行した。したがって医学を修めただけで満足することなく、診察もすれば投薬もし、また手術なども行ったのである。のみならず時に電気医療機器を造るなど、常に研究には熱意をもって、会得した知識を実際に活用したので、意外な成果に至ったことも少なくなかった。そのため漢方医の見放した病人を、「どうせ癒《なお》らぬとしても、一度は象山先生に見てもらっておけ。それでも駄目なら仕方がない」などと言って担ぎ込むと、それが奇蹟的に全治したという実例もあり、なにかと診療を求める者が多く、門前常に市を成す有様であった。

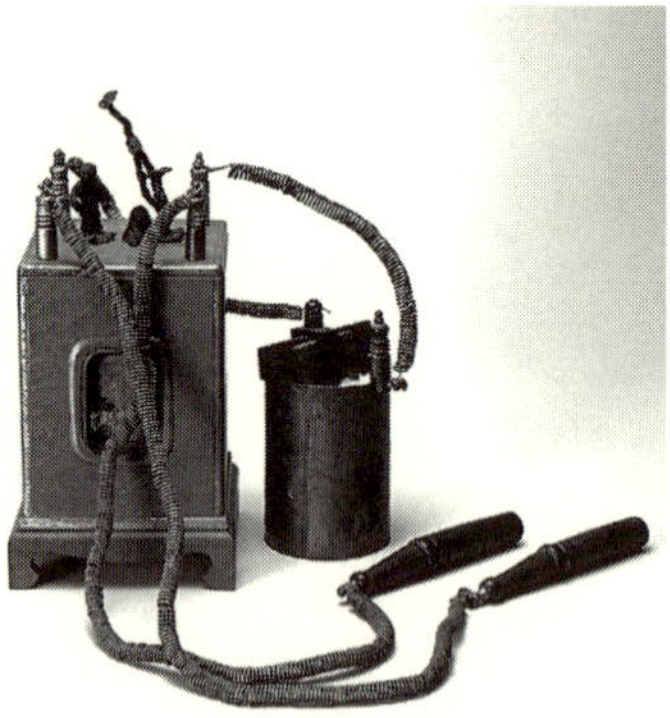

電気治療器 伝 象山作
（松代藩真田家伝来・真田宝物館蔵）

象山は国家の大病を治療するをもって自分の責任とし、人体の病を治すようなことは、まったく余技《よぎ》に過ぎなかったけれど、医は仁術《じんじゅつ》というように、診療を乞う者があれば快くこれに応じ、時には思わぬ効果をあげて、患者と共に喜んだこともある。また良法妙薬など及ぶ限りの手を尽くしても、その甲斐なく悲しみに沈むこともあった。象山はかつて、

おのれが、くすしのわざに、得るところあるをきゝて、すくひを乞ふもの多し、かのえさるのとし、葉月のなかば、なゝさとあまりへだてたるところより、あるおとこ、その女のいたくやみぬるを舁せ来て、すくひをもとむ、あはれとおもひて、家にとゞめをきて、手をつくしてをさめぬれど、しるしを見るに至らずして、つひにこゝにうせぬ、きけば子もありとぞいふなる、こゝろのかぎりをつくして、すくふことの能はざるは、みづからうらむるすぢもあらざれど、家なる子等が、なほおこたりなむをりもありなましと、おもひたのみたらむにうせぬときかば、いかになげかましなどおもふに、そゞろに涙のもよほされてかくなむ、

と前置きして、

身にうけておもへばかなしかくとしも　しらでまつらん子らがこゝろを
人すくふすべをしらずばかゝる世の　あだしなげきにあはざらましを

という歌を詠んだ。誠心誠意をもって充分に手を尽くして、なおかつこのような結果を見たのであるから、心の中にはまったくやましいところはないが、誠に悲しい結果となったものである。もし医術を知っていなかったならば、決してこのような嘆きにも遭わなかっただろうと述懐したものである。世間の人々は象山を理智の勝った冷たい人と思っているが、決してそんな冷血漢ではなく、むしろ情にもろい人であったことは、右の歌によって知ることができるのである。

なお象山の功績として見落とすことができないのが、率先して種痘法《しゅとうほう》の普及に努めたことである。天然痘《てんねんとう》は古くより我が国に流行したが、疱瘡《ほうそう》神の所業と信じられ、誰でもが一度は必ずこの病に罹《かか》り、決して逃れられ

ないと観念していた。松代藩の日記享保十六年正月十五日条に、

疱瘡流行に付不レ仕候者まじないの石拝見被二仰付一、

とあるほどで、当時は加持祈禱によって軽く済ますというより他には、予防の方法がなかったのである。

我が国に牛痘《ぎゅうとう》の種痘法が初めて伝わったのは文化六年（一八〇九）である。松前福山の人中川五郎次という者がロシアに六年いて、帰朝してこの法をもたらしたのが、その始まりであるという。その後、嘉永二年（一八四九）に肥前藩主がオランダより牛痘種を輸入してこれを実施した。象山は蘭書からすでに種痘法を知っていたが、牛痘を得ることができなかったので、まだ実施の機会を得なかった。肥前藩主がこれを輸入したことを知り、早速、それを手に入れてまず息子の恪二郎に試みた上、城下の親しい人へ実施した。

種牛痘の事は十一ヶ年前巳酉（嘉永二年）の冬某出府中、肥前侯の御取寄せにて其種都下へ参り、肥前侯には御子様方へ、御自身に御種被レ成、其種御家中へも出候趣に付、手寄を以て、其種法をばかねて心得居候義に付、其臘底致二帰藩一、直に恪二郎へ種え試み、夫より御家中の懇意町在のものへ相施し、此牛痘種は小児の厄難を救ひ候至妙の良法にて候へば、何卒御領分一統へ致二種痘一候様、触流にても有レ之度と御重役衆へも申立て、郡方等へも申談じ候処、其説行はれず、乍レ去追々伝聞候て、頼候もの有レ之、種遣し候もの多分に候ひき、尤も其内一人も再感の者無レ之、又怪我等有レ之候事一切無レ之、又此度屏居中にも親類縁者の子弟へは、種遣し候も余程有レ之、某が種痘法を心得候と申事誰知らぬものも無レ之候、

（安政六年某執政に送る書簡の一節）

信州では、小諸藩が諸藩に率先して種痘法を励行《れいこう》したが、実はその法を初めて信州へ輸入して実験したのは象山であった。その功績は永久に伝えるべきものであろう。

『桜賦』が天皇に召される

象山は幽閉中のつれづれに、屈原《くつげん》の『橘頌《きっこう》』を真似て『桜賦《さくらのふ》』を作った。それは桜が日本特有の名花である由来を述べて、その徳を讃《たた》え、ひいて尊王愛国の大義を発揮しようとする、己の志を披瀝《ひれき》したものである。その作のできたのは万延元年（一八六〇）閏三月で、あたかも江戸では大老井伊直弼が、桜田門外において水戸の浪士一七人の刃に斃《たお》れ、天下の人心を驚かせた時であるのも皮肉といえよう。

桜賦（真田宝物館蔵）

『桜賦』は、天保十一年（一八四〇）、象山が三一歳の時に作り、師の佐藤一斎から古今独歩の秀作と折紙をつけられた『望岳賦《ぼうがくのふ》』の姉妹編ともいうべき、象山が日本へ漢字が伝来して以来、唯一無二の傑作であると自負した不朽の文辞である。よってその評判は間もなく天下に轟《とどろ》き、ついには天皇の聞くところとなり、文久二年十一月、上覧に召されるに至った。象山はこれを大いに喜び、十二月一日、藩の側役頭取に次のような書簡を寄せた。

今冬は例よりも軟寒にて暮しよき事に御座候、倍御清勝と想像仕候、偖内々京信を得候所、拙著桜賦自書一巻正親町三条大納言実愛卿御手より、被レ入二天覧一候所、天感の上禁中に御留めに相成候との事のよし、誠に冥加に叶ひ候仕合、栄幸身に余り有レ難き義に御座候、此義は余事とも違ひ候間、御序に御上へも御申上置被レ下度奉レ希候、桜賦一篇註迄録し差上候、是又御様子次第、御覧に御入れ可レ被レ下候、某の文章賦に至候ては、本邦にて漢文字ある已来、千余年間某に並び候もの一人も無レ之候、天朝御文化の盛時、菅相公御始め賦の作者も往々有レ之候へども、皆見るに足らず、近年昇平の御余沢にて文人輩出候得ども、賦は六ヶしき事として手を措き申候、仁斎、東涯さすがの徂徠にも賦は一首も是れなく候、太宰に鎌倉賦一首有レ之候所、拙劣笑ふべく候、一斎先生山陽抔も文才非常に候へども、山陽も賦は出来不レ申候、一斎先生の文稿中賦五六首有レ之、板行の文集にも四五篇御座候、乍レ去多く律賦と申近体にて、某など作り候真の古賦にては無レ之候、某三十一歳の時、望岳賦を作り候所、一斎先生見られ候て、古今独歩と被レ評候、いかさま自分も左様存じ候事に御座候、其頃より存候に富士と桜は本邦の名物に付、桜賦を著はして望岳賦と一対に致し度候ひし所、追々多事となり候て、左様の閑文字に日子を刻し候事も出来兼候ひき、然る所寅年以来屏居の閑人と相成昨春花の開き候頃、風と存じ付桜賦を作り候ひしに、是迄著し候賦二十首計り御座候内、此賦第一の出来に御座候、後世は知らず、当今迄には某の此賦に近寄り候程のものも無レ之候、此賦内々門下の者へ認遣し候が、転伝実愛卿御手に落ち、夫を日の御門内に御建立御座候学習所と申すへ御出し、諸儒に御示し御座候所、何れも古今の傑作の趣評判候故、遂に被レ入二天覧一候と申事にて候、是その入二天覧一候手続に御座候前文の通り、此賦の事は自負の作にて候故、奉レ入二天覧一度も存候へども、文章詩賦御好み被レ遊候節にも無レ之、又此節の身分にて衒ひがましく、貴君を御煩はし申候も、如何と存じ候故、相控候義に御座候、然る所此度撰らず入二天覧一候と申に就きては、某一人の栄華而已に無二御座一、御国家上にも御装飾を添へ候義に付、奉レ達二御聴一度奉レ存候、可レ然奉レ冀候

以上、

朔日　　　　　　　佐久間修理

ここに象山はまさに万丈《まんじょう》の気炎を吐いている。菅原道真《すがわらのみちざね》も、伊藤仁斎《いとうじんさい》も、またその子東涯《とうがい》も、荻生徂徠《おぎゅうそらい》も、頼山陽《らいさんよう》も、太宰春台《だざいしゅんだい》も、佐藤一斎もみな、木葉《こっぱ》微塵《みじん》に吹き飛ばしてしまった。遠慮会釈のないところも、誠に溜飲《りゅういん》の下がるような痛快な文章である。これをもって象山の得意の有様がみてとれよう。

象山の書風

象山は能書家であった。ことに顔真卿の筆蹟を学び、その書風に堪能であったことはあまりにも有名である。したがって象山の偽筆を書く者の多くは顔真卿の筆を模している。初め象山は習字をあまり好まなかったが、壮年になってからは、これに心を傾け、顔真卿の筆蹟を学んだのは三七歳の時からである。象山はある時、魯《ろ》公墨帖《こうぼくじょう》の後に、

最愛平原忠義余　天真爛漫有レ誰如　野人久已厭二拘束一　不レ学厳家餓隷書

と記した。すなわち顔平原（真卿）の日月を貫くような忠義の気概を慕うとともに、その書風の天真爛漫にして

気品の勝れた点を愛したのである。

象山は、古今東西を問わず忠義の人を愛した。本朝の人物の中では、もっとも楠木正成《くすのきまさしげ》父子を慕っていた。左記の詩はこれを証明している。

題二楠公像一

楠公本帝賚、何必説二伝説一、眇軀唱二大義一、皇運開二日月一、惜無二高宗賢一、歳旱未レ医レ暍、和羹失二塩梅一、舟楫亦摧裂、雖レ知二大事去一、所レ許終不レ折、臨レ死其留二其子一、遺戒衛二帝闇一、三朝扞二蛇豕一、正統繫二一髪一、終始為二朝家一、濺尽闔門血、生為二万夫雄一、死為二千古烈一、至レ今金剛山、行人仰二崥嵲一、

また楠公の像に題して次のように記した。

以二眇然之身一、自任二天下重一、知二其不一レ可レ為、而猶且為レ之、終挙二一門之肝脳一、殉二諸国難一而後已、以レ啓観レ之、従レ古至レ今、未レ有下忠二於公一者上也、

これをもって、勤王の精神の旺盛であったことが知られる。

象山は顔真卿の忠義を愛し、これを百世の師と仰ぎ、さらにその書風を学んだのであるから、自然と象山の筆端にも忠義の気概と威厳に満ちた風格が表れているのである。書はその人の性格を表すものであるから、象山の書を見てただ巧拙《こうせつ》を云々《うんぬん》するのは間違っている。その勤王の精神を愛して象山の書に対すれば、自然と尊敬の念が沸きあがるものである。象山は気持ちが高ぶるとすぐに、よく毫《ごう》を揮《ふる》ったが、しかし決して他人の詩歌文章などは用いずに、必ず自作の詩歌文章で揮毫《きごう》した。

珍重された象山の山水画

象山は大変、絵画が好きで、自ら筆も執り、特に山水画を好んだ。しかしそれはまったくの余技で、師匠について学んだのではなく、独学で習得したのであるから、象山はよく画賛に「余素不レ学レ画」と記した。しかしあまり得意でなかったためか、多くの依頼者があっても象山は容易に承知しなかった。そのため象山の絵画は、非常に珍重された結果、生存中から贋物《がんぶつ》が現れた。

家父へ山水画御所望の事、申聞け候所、画は生れて両三枚認め見候のみ、学び候事無レ之、又常に一切心かけざる事に就き、命に応じかね候趣に御座候、不レ悪御承知可レ被レ下候、此地などにても、近年家父の名印有レ之候山水画等、往々有レ之候よしに候処、総て贋作取るに足らず御一咲可レ被レ下候、

これは象山が蟄居中であるから、世間をはばかって息子の恪二郎の名で、人に送った書簡であり、「家父」というのは象山自身のことである。

象山の贋作が作られたのは、絵画ばかりではなかった。その書もまた生存中から偽筆が行われていたのである。これは象山の名声を慕い、その筆蹟を求める者が日に数十の多きに達し、そのため揮毫用の絹素《けんそ》が常に部屋に満ちる有様であったので、容易に手に入れることができなかったためであろう。文久元年（一八六一）、小林虎三郎の紹介状を持って梅田屋東作方に投宿し、その斡旋によって象山に面会した長岡藩士伊東道右衛門から、「先生の御書に似せて、偽筆しようとする者がいると聞きましたが事実でしょうか」と尋ねられた。象山は「いかにも、当地などにも偽筆しようとする者があるように風聞している」と答えたと日記に見えている。すでに

象山の存命中からその書風を真似て書き、不当な利を貪っている不届き者がいたようである。

その頃の表具師《ひょうぐし》に窪田善造という男がいた。高井郡小布施村《おぶせむら》の生まれで松代の石切町に住居し、聚遠楼に近いところから、足しげく象山の許へ出入りし、大変、象山に気に入られていた。この男は偽筆が得意で、象山の書を模してほとんど見分けがつかないほどであった。そこで、これならばきっと象山を欺《あざむ》くことができると思ったのであろう。ある日、大胆にもその偽書《ぎしょ》を携えていき、「これは先年、先生にご揮毫頂いたものですが、残念なことに落款《らっかん》がございません。おそらくはご多忙により、押捺《おうなつ》することを失念されたものでございましょう。今度これを表装したいと思いますが、落款のないのは羽織に紋のないのと同じような感じが致してなりません。大変、ご面倒ではありますが、ここへ落款を捺《お》して頂きたいのです」とまことしやかに述べた。まさか善造が偽筆をし、それを空々しく持ってこようなどとは夢にも思わないので「君子もその道をもってすれば欺かる」で、象山も請われるままについ落款を捺して与えてしまった。

後に象山の門下生の中に、その真実を告げる者があり、象山は「不埒な奴め！　手打ちにしてくれる」と烈火のごとくに憤ったという。要するにこれは象山の書画が、その生存中から珍重されたことを証明するものである。しかし京都において横死を遂げ、その家が断絶するや、象山の書画を嫌って中には焼却してしまった者さえあった。ところが、維新の後に至っては、先覚者としての象山の偉大なる人格が認められるようになり、その断片や切れ端でも尊重され、家宝として所持されるに至った。それでさらに象山の筆跡を模し、もって不当の利得を貪る偽筆家が続出した。象山の贋作は今日、世上に多く流布していることは人のよく知るところである。

この数多き偽筆家の中で、ことに光っているのは駒寅である。彼は本名を中村寅吉と称し、松代西木町の古道具屋駒屋常吉の息子であったから、その名をもって呼ばれたのである。この駒寅は幼少より書画に長じていながら、不思議なことに創作的手腕には欠けていた。しかし模倣にかけては素晴らしい天才で、象山、崋山、北斎《ほくさい》、文晁《ぶんちょう》、果亭《かてい》など、何でもござれと贋物を書いて当代無比と称せられた。特に象山の偽筆家としては窪田善造などと比べても遥かに上手で、真に迫るというよりも、かえって本物よりも上手に書いたから、今では鑑定家が真偽の鑑別に苦しんでいる。したがって今日、真筆疑いなしとみられているものの中にも、数多くの駒寅象山が混じっているのを否定することができない。駒寅はあまりに多くの偽作をしたために、文書偽造の罪名に問われて獄に繋がれること数ヵ月、出獄後は偽作の筆を断ち、もっぱら画道に精進したが、模倣の天才も創作家としては名をなすに至らず、数奇なる運命にもてあそばれて大正十一年(一九二二)の夏、長野市問御所町の寓居《ぐうきょ》において病死した。

象山が手紙に贅沢な紙を用いた理由

象山は書簡の文章でも巧妙であった。叙事《じょじ》は平易で精緻《せいち》であり、行文《こうぶん》は俗様《ぞくよう》にして流麗で、いささか冗長に過ぎる嫌いはあるが、その言わんとする旨は、ことごとく言い尽くさねば済まない趣があった。そのため長い書簡になると四〜五間《けん》(一間約一・八m)にも及ぶようなものがあり、それが細字で書かれているが、字体は正しく読み易いのが特徴で、当時の儒家の中では並ぶ者がなかった。

象山は新井白石を尊敬し、『藩翰譜《はんかんふ》』を常に座右に置いて愛読しただけでなく、その書簡を好みそれをもって軌範とした。かつて白石の書簡を門弟に示し、「この文章は誠に親切丁寧に記してあり、かつ文章も分かり易くて優れており、軌範として詳しく読んでおくべきである」と教えたという。

象山は手紙の用紙に何を使ったかというと、書生の頃は質のよくない半切紙《はんきりがみ》を用いたが、三〇歳前後から、顔真卿の書風を習うまでの間は、多く唐紙《からかみ》を用いた。顔真卿の書を習ってから後は、必ず中奉書《ちゅうほうしょ》・大奉書《だいほうしょ》の二通りを用いた。象山の庇護者であった藩主真田幸貫さえも書簡の用紙は、特別の場合に奉書紙を使用した他は、もっぱら唐紙を用いた。

それにもかかわらず象山が常に奉書紙を用いているのを見て、友人の一人が「小禄のくせに奉書紙を常用するのは、少し贅沢ではないか。頼山陽のように唐紙でよいのではないのか。また山陽の字は、大変、風雅であるが、貴殿の字はいささか真面目過ぎて味わいに乏しいように思う」と内々に好意的な忠告をした。すると象山は、「山陽の書簡はなるほど、風雅であるかもしれないが、後世には価値を失い玩弄物《がんろうぶつ》となってしまうだろう。私の字は厳格で威厳のあるものであるから、後世は必ず模範となるだろう。だから奉書紙を用いているのだ」と説明した。もちろん半分は象山流のジョークだろう。

熊の掌の肉は珍味？

松代中町に旅館を営んでいる梅田屋東作の息子の弥五郎が、ある時、蟄居中の象山から呼び出しがかかり、御安町の聚遠楼を訪れた。あたかも夕食時分であったから、象山は何の肉であるか知らないがスキ焼きにしたのを肴に、あまり多く飲める口ではないが、好きな酒をチビリチビリと飲んでいた。「少々頼みたいことがあって来てもらったのであるが、飲みながら話したいから、まあこちらへ来てくれ」と言われるままに酒宴の座敷についいた。スキ焼きのうまそうな匂いがするので、弥五郎は仕事柄、象山は何肉を食べているのだろうと注意して見ていたが、牛肉とも思われず、また鳥肉でもないらしい。そこで「失礼ながらお伺いしますが、先生の召し上がっていらっしゃるのは、一体何の肉でございますか」と尋ねてみた。すると象山は笑いながら、「これは熊の肉だよ」と答えた。弥五郎は「熊とは違うようですが……」と不思議そうだったので、象山は「間違いなく熊の肉だ。ただしこれは掌《たなごころ》の肉といって、清の人は熊の肉では一番美味しい部分として特にこれを珍重している。そこでわざわざ買い求めてきたのだ」と説明した。

その頃は松代付近の山でも時折、熊が捕れたものである。その後、梅田屋では猟師から大きな獲物を一匹購入したので、弥五郎は象山を喜ばせてやろうと考え、掌の肉を持参し、「先生の大好物を持って参りました。どうぞ召し上がって下さい」と言って差し出した。実は、熊の掌の肉が美味だと言ったのは、象山の負け惜しみであった。清の人には好まれているということであるが、実はゴジゴジしていて食べにくいのみならず、味もよいとは思われないのである。象山は当時、蟄居の身で知行の他には揮毫などの謝礼の収入があるばかりであったから、生活には経済的な余裕が乏しかった。

そのため熊の上肉は高価で求める余裕がなく、仕方なく安い掌の肉で我慢していたのである。そうしたところ、たまたま食事中に弥五郎が訪ねてきたので、即座の頓智《とんち》で答えたのを、真面目な弥五郎は象山の言葉を信じて、大好物だと思って持ち込んだわけである。さすがの象山もこれには苦笑するしかなかった。

けれども、そんなことはおくびにも出さず、「掌の肉もよいが、近頃歯を痛めているので、尻っぺたあたりでもよいから、ちと柔らかい肉も添えてほしいものだ」と言った。「では、早速」と言って弥五郎の帰っていく後姿を眺めて、「アハハハハハ」と象山はいかにも愉快そうに笑った。

象山をへこませた唯一の人物

松代藩士小宮山蔵六は、普段からいたずら好きで、人をからかって面白がっている無邪気な性格だったので、象山からも愛されていた。この男がある日、象山を訪問して「先生、海という字も訓《くん》には色々な読み方があると承っておりますが、果たして何通りの読み方があるのでしょうか」と奇問を発した。象山は「海はすなわちウミであって、他に訓読などない」と答えた。

「博学多識《はくがくたしき》をもって天下にその名の知られた先生であれば、もちろんご存知のはずでしょう。意地悪せずにお教え下さい」と腹に一物《いちもつ》ある蔵六は、なおも執拗に迫った。本当に知らないと返答に窮した象山へ、「私のような浅学無識でさえ、海という字の訓読みを三つや四つは存じております。それなのに先生がご存知ないとは不思議です」と蔵六が言うので、驚いた象山は「三つや四つは知っているだと！　お前はなかなかの学者であるな。では知っているだけ教えてくれ」と頼んだ。

蔵六は「お釈迦様に説法するようなもので、誠に気恥ずかしい限りですが、せっかくのお望みでございますから、それでは知っているだけ申し上げてみましょう」と言って、元気よく「おほん！」と咳ばらいをすると、おもむろに「海苔《のり》のノ、海老《えび》のエ、海士《あま》及び海豹《あざらし》のア、海胆《うに》のウ、鳴海《なるみ》のミ、海鼠《このわた》のコ、海原《うなばら》のウナ、海神《わだつみ》のワダ、みなこれ海の字の訓読ではございませんか。私の知っているのはこれだけですが、先生は天下の大学者であるから、きっともっと多くの訓読をご存知と思ってお尋ね申した次第です」と述べた。それまで真面目に聞いていた象山も、ここで初めて一杯食わされたことに気がつき、「お前はなかなかの大学者だ。私などの遠く及ぶところではない」と言って、とうとう吹き出してしまった。

「あの負けず嫌いで意地っ張りの強い先生をへこませたのは、天下広しといえどもおそらくは、私ばかりであろう」と、蔵六は会う人毎に、こう触れまわって鼻高々であったという。

お金持ちになる方法

象山は博学多識であったから、分からぬことは何でも佐久間に聞け、とばかりにみな象山へ相談を持ち込んでくる。

ある時のことである。象山を訪ねた客が、「先生は何事にも通じておられ、知らないことはないと承っておりますが、きっと金満家《きんまんか》になる方法もご存知でありましょう。なにとぞ教えて頂きたいのですが」と真面目とも、冗談ともつかぬ質問を受けた。象山は愉快そうに笑いながら、「それは簡単なことだ。これからあなたは放尿《ほうにょう》する時に、必ず片足を上げてするようになさい。そうすればきっと金満家になることができましょう」と答えた。

客は奇妙な返答に合点《がてん》がゆかず、しきりに考え込んでいたが、やがて「片足を上げて放尿するのは犬です。それでは犬の真似をせよと仰せられるのですか」と気色ばんで象山を詰問した。「そうです。いやしくも人情を解する者では容易に金満家にはなれない。どうしても金満家になりたいなら、まあ犬のまねでもされるのがよろしかろう。それより他によい方法はございません」と言って笑った。「誠に味わうべきお言葉です」と言って、客は感嘆《かんたん》して去ったという。

世間の評判には無頓着

象山は、その獄中の作である『省諐録』の中で、人の知ることのできないことでも、自分のみが独りこれを知り、人のできないことでも、自分独りのみこれを成し得るのは、すべて天賦《てんぷ》の才能によるものであると言って、自分の天才ぶりを誇っている。そのため世の人は誇大妄想だと言った。「予言者郷里に容れられず」とは誠に千古《せんこ》の金言《きんげん》といえよう。あまりに先見の明があり卓見に秀でた人物は、時として世間から狂人扱いされることがある。寛政三奇人と称された林子平《はやししへい》、蒲生君平《がもうくんぺい》、高山彦九郎なども同様である。

象山は頑固で我が強く、世の評判に無頓着で、自分の信じる理想を勇敢に実現しようとしたので、多くの敵を作ることになった。ことに藩老の真田志摩、鎌原伊野右衛門及び長谷川深美らとは普段から対立することが多かった。米艦渡来の際、御殿山警衛に関する象山の建白にも彼等は猛烈に反対を唱え、象山の軍議役を罷免しようとし、それ以来ますます対立が激化した。

しかも象山を冷たい目で見ていたのは、彼等だけではなかった。象山に好意を寄せる一部の人達や門弟以外の藩中の大半は象山を嫌っていたのである。それ故に象山をよく思っていない人々は、松陰事件に連座して厳罰に処せられたことを知って、密かに溜飲を下げたばかりでなく、象山が蟄居していた聚遠楼へ、暗夜に礫《つぶて》を投げ付けて迫害するような卑怯《ひきょう》な者もいた。次の書状はそれを立証するものである。

過日は御尋を蒙り、難レ有奉レ謝候、残暑に相成候ても続て酷烈に御座候、総じて御碍被レ成候御事も無二御座一候歟、御左右承度奉レ存候、然ば昨夜五半過之頃と覚候、家父例の楼上に燭を点し読書罷在候処、表通両三人はなしの声致し候て、やがて此箱に入置候石瓦を打込候て、一同足はやに南の方へ逃げ去り候、幸に唯屋根の瓦を少々損じ候迄にて、雨戸障子をも破り不レ申候処、平生にて候へば、右等の狼藉もの召捕へ候て、其筋へ申立も致すべく候得共、此時節柄何分存意に任せざる義に付、不レ得二已事一今朝安世を以て右之次第、御用番迄申立候義に御座候、御承知の通り外に間席も無レ之候へば、昼寝にもかの楼上に罷在候所、又々右様の狼藉者有レ之候節には、家父疵を被るまじきにも無レ之、祖母其外のもの怪我致し間敷にも無レ之、常用愛玩之器材、損ずまじきにも無レ之、其気遣存し候間、此節柄之義別して御役方等の御厄介筋に罷成候より外無二御座一候、就ては御手前様よりも此石の証を以て、夫々被二仰立一候て、御同寮とも宜しく申談じ被レ下候様、乍二御手数一何分奉レ願度段、家父申聞け候に付、如レ此御座候、総て可レ然奉レ冀候、以上、

七月二日　　恪二郎

甚太夫様

これは象山が蟄居中なので、その名を記すことをはばかって、息子恪二郎の名をもって親戚の長谷川甚太夫に宛てたものである。また次に記すような悪戯を働く者もあった。

愈御安泰珍重奉レ賀候、然者昨夜半過、犬頻に吠候様子常より怪しく、起き出で宅の四辺巡候処、其節は目にかゝり候ものも無レ之候ひき、然る所今朝庭先に箇様のもの有レ之とて、下女取揚げ致二持参一候、たわひも無レ之ものとは存候へども、致二開封一申候、果して一向埒も無レ之事に候へども、其儘にも致しかね貴君方迄掛二御目一候様、家父申聞候まゝ持せ差上候、可レ然奉レ願候以上、

恪二郎

源之丞様

善兵衛様

これは親類依田源之丞《げんのじょう》、長谷川善兵衛の両名に宛てた書状であり、その庭先に落ちていた怪しい物というのは次の一文である。

象君博識ニシテ、今松藩治レ乱、思ラク真鎌長三子能治者也、恩山竹三悪得レ時、不レ過二不忠是一ニ、象子昔請二恩ノ恵一、今奸悪三子請二無尽一、象奸子知レ奸知レ謀不レ言者ハ謝二無尽一、奸三子象知二勇才一償二無尽金一者也、象被レ償脇見スル事忠カ不忠カ、象速咄二秘言一、奸三子切レ首ヲ絶レチ家、進メテ二善三子ヲ一治レ国直ニ松君ヲ居シメヨ二安泰山一、

松藩忠士二十八人

石之文堅き心に問事を如何答ふる君之恵を

佐久間象山博覧史

これは原文のままである。文章は稚拙であるが、その言わんとする点はおよそ理解できる。

当時の松代藩主は真田幸教であった。幸貫の孫ではあるが、祖父のような名君ではなかっただけでなく、年も若かったから、自然と藩老達の威勢が強くなった。ことに真田志摩と恩田頼母は、ともに才能智識のある人物だったので、互いにその勢力を張り合った。その結果、真田党、恩田党といった派閥が生まれ、この二大勢力が拮抗《きっこう》したので、家臣間の軋轢《あつれき》が激化した。右に示した落とし文の中に「真鎌長三善子」とあるのは真田志摩、鎌原伊野右衛門、長谷川深美を指し、「恩山竹三奸悪子」というのは恩田頼母、山寺常山、竹村子習の三人をいったもので、これらの人々はいずれも両派の重鎮であった。

象山は恩田頼母と親交があり、度々その庇護を受けた。それのみならず同人と山寺、竹村らに無尽会《むじんかい》（親しい者が資金を募って援助する集まり）を組織してもらった。つまりは恩田党の人であったので、真田党の者どもが、象山へのいやがらせのために、皮肉極まる文章を作って投げ込んだものので、象山の言うようにたわいもないものであるが、当時の雰囲気を知る上において貴重な資料といえよう。

ロシア大帝ピョートルとナポレオンを尊敬する

象山は歴史上の英雄が好きであった。特にもっとも尊敬していたのはロシアのピョートル大帝と、フランスのナポレオン皇帝であった。天保十三年（一八四二）、幸貫に上申した文中に、

魯西亜の主ペートル、其国の大船に乏しく、水軍に不レ習、航海に疏く候を嘆き、阿蘭陀より諸芸に長じ候ものを傭ひ、国人に是を習はせ候所、尤も督責勧奨の行届候故か、右の諸芸暫時に開け、遂に欧羅巴洲にて名誉の国と相成申候、一体魯西亜国は右ペートル以前は西洋諸国の内にも、頑愚の貧国とて共に歯ひをも不レ仕位の国に候だに、上に豪傑の主有レ之、是を導き候へば、他国の下にたゝぬ様相成申候、まして本邦の義は地球中比類無レ之霊慧の国にて、疆域の大なる所こそ唐山魯西亜に譲りも仕り候得共、土壌の豊腴と人民の智能に至り候ては、実に諸州に勝れ申候、既に此節の船にても、其扱ひは遥に唐山人に優り候由左候得ば、此上御世話の届きだに仕り候はゞ、船軍の駆引迚も程不レ遠して、屹度御用立程に可二相成一事、何の疑も有二御座一間敷奉レ存候、

と述べ、ピョートル帝の偉業を称賛していることで理解できよう。ナポレオンについては有名な詩がある。

何国何代無二英雄一、平生欽慕波利翁、邇来杜レ門読二遺伝一、忽々不レ知年歳窮、撫レ剣仰レ天空慨憤、世人那得レ察二吾衷一、如今辺二警日復月一、戦船来去海西東、外蕃学芸老且巧、我独遊戯等二孩童一、守レ株未レ知師二他長一、矮舟誰能操二元戎一、嗟君原是一書生、苦学遂能長二明聡一、一朝照破当時弊、革レ弊除レ害民情従、

旌旗所レ向如レ靡レ草、威信普加欧羅中、元主西征不レ足レ道、豊公北伐何得レ同、人生得レ意多失レ意、大雪翻レ手朔北風、帝王事業雖レ未レ終、収為二我将一応レ有レ庸、世人心竅小二於豆一、齷齪寧知英雄胸、自奮能成二遠大計一、自屈難レ樹廊清功、安得レ起二君九原下一、同レ謀戮レ力駈二奸兇一、終巻二五洲一帰二皇朝一、
皇朝永為二五洲宗一、

この詩は象山が幽居《ゆうきょ》中にナポレオンの伝記を読み、感慨のあまりに作ったものである。すなわち今や外国艦が各地に出没して、海岸警備に頻繁に出動しなければならない。そしてこれらの列強諸国の人は、学術・技術ともに成熟し優れているのに、我が国の人は遊戯に耽《ふけ》る子供のように、いたずらに古い秩序を守ろうとして、他国の長所を習得しようとしない。こうした状態で、ひとたび事変が発生したならどうするのであろう。山のような外国の軍艦に対し、我が国の小舟では決してこれに対抗することはできない。こうした時にもっとも望まれるのはナポレオンのような英雄である。

ナポレオンは元来、書生であったが、苦学勉強の結果聡明な人物となり、一朝にして当時の弊害を説いて改革を進めて国民の要望に応え、大兵を率いて四方を征服し、軍旗の向かう所は、草が靡《なび》くように、その武威はついに欧州全土に及んだ。このナポレオンの成功に対しては、モンゴル帝国のヨーロッパ遠征、豊臣秀吉の朝鮮出兵のようなものは到底比較にならない。ただ得意の時というものは永久ではなく、ナポレオンもついには失意の人となった。ロシアの遠征に際し、突如として寒波に襲われ、兵士たちはみな寒さと飢えに苦しみ、ついには大軍すべて敗れてその事業もついえた。

確かにナポレオンの事業は失敗に終わったが、これは決してナポレオンの罪ではない。今日このような英雄を用いて、我が国の将軍としたならば、必ずや我々の直面している苦境を脱することができるであろう。しかし世間の人の心は豆のように小さく、この英雄の精神を知る者がない。奮起すれば遠大な計略を立てることが

できる。あきらめてしまっては改革は不可能だろう。象山はこの英雄を地下から呼び起こし、合議して計略をたて、力を合わせて侵略者を駆逐しようとしたのである。これは象山の精神にして、日本を救う英雄の精神でもある。しかし、世間の多くは卑屈なままで、奮起しようとする者がいなかった。象山がことに海外の英雄を慕ったのは、当時の日本人には自分の心中は理解してもらえないという強い憤慨にさいなまれていたからであろう。

勝海舟の妹を妻とする

象山が勝海舟の妹順子と結婚したのは、四二歳の冬である。ずいぶん晩婚といえるが、実はこれ以前に、お菊《きく》・お蝶《ちょう》という側室がいた。正妻を娶らなかったはそのためか、それとも学問の修養に専念し、かつ天下国家のために奔走尽力して、ほとんど休日もなく多忙を極めて、妻を娶る暇もなかったか。確かなことは分からないが、天保十一年（一八四〇）十二月九日、すなわち象山が三〇歳の時、竹村金吾に宛てた書簡の一節に、

婚儀の義も申上候処、此懸詞を蒙り奉二多謝一候、内談も早く整ひ候へしかと、又々政府の異議にて、一体当年中引取度心かまへに候へしが、兎ても来春に相成候はんと奉レ存候、

とあるから、この時にはほぼ、縁談がまとまっていたらしい。その相手の女性が誰であったかは分からないが、象山の理想に適った婦人であったことはもちろんであろう。

しかしその縁談については、藩の方で異論が起こった。そのために悩み困惑した象山の様子が、次の書簡に

表れている。

配ぐうの儀も御親切に仰を蒙り候が、これも矢公御物故にて大にもつれ、迷惑仕候事に御座候、

（天保十二年閏正月付 山寺常山に宛てた書状の一節）

矢公というのは家老職の矢沢監物《けんもつ》のことである。監物はその縁談につき、藩との間に立って種々斡旋していたようだが、決着がつかない内に急死（天保十二年正月十日死亡）したために、大いにもつれてしまい、ついにせっかくの縁談もまとまらなかったらしい。つまりこの時、象山は結婚を決意していたのであり、晩婚の裏にはこうした政治的な原因も潜んでいたのである。

勝海舟の妹順子と式を挙げたのは、嘉永五年（一八五二）十二月で、媒酌人は勝の剣術の師である島田見山という、当時、江戸で有名な剣客であった。象山が順子を娶った事情は同年十一月二十七日、家老恩田頼母《たのも》に宛てた次の書状に明らかである。

小生義も当秋中召使一人子細有レ之暇遣し候処、其以来無人にて家事不都合に付、此度は母も勧め候に付、正室の相応なるを求め度存居候処、諸藩門人どもゝ、色々世話仕候も有レ之候処、意に愜ひ候者無レ之候ひしに、近日に至り風と一人有レ之、早速に取極め候義に御座候、乍二小身一御直参に勝麟太郎と申人有レ之、其妹に御座候、この勝は小谷燕斎翁の甥にて荊妻に相成候も、其姪にて御座候、麟太郎と申人一昨年以来洋銃の門下に御座候処、漢学も洋学も可也に間に合候程にて、剣術などもよく遣ひ、諸侯方の中にも門人御座候位にて、当時小普請には候へども一と料見御座候人にて、小生門人中指を屈し候内の一人に御座候、其母と申人も頗る気概ある女性にて、手跡など男まさり達者なることに御座候、其人小生の正室を求め候

と申を伝聞候て、其少女を貰ひ候はゞ、遣し候はんと申事に付、其兄にて候人の性質をも存じ候義、先方にても小生を存じ候へばこそ、五歳に成り候小児に年致し候召使なども有レ之候中へ遣はし候はんと申事と存じ候に付、頗る奇遇と存じ候、早速に取極め候義に御座候、

文中五歳になる小児とあるのは、側室お菊の生んだ一子恪二郎のことである。

順子が象山の許へ嫁してきたのは一七歳の時であるから、象山とは二五歳も年が離れていた。「奥さんはちとお若過ぎではありませんか」という人があったが、象山は「妻は若い方がかえってよいようです。晋の鍾繇《しょうよう》なども、晩年になって結婚したから、二九歳も若い奥さんだったそうです。それに比べたらまだ開きが少ない方です」と答えて高らかに笑ったという。

どんなところでも必ず理屈を付ける、象山の面目躍如といったところである。ちなみに順子夫人は象山が暗殺された後は、名を瑞枝《みずえ》と改め、明治四十一年（一九〇八）一月三日に没した。

嫡子恪二郎の生母お菊と養母お蝶

象山にはお菊・お蝶という側室がいた。お菊は江戸蔵前の札差《ふださし》和泉屋九兵衛の愛娘であった。札差というのは江戸時代、諸国から江戸へ集まってくる年貢米を取り扱う商人である。当時のこの札差はみな裕福であったから、羽振りがよく贅沢な生活をし、江戸の社会・文化をリードしていた。この九兵衛に娘があって名をみつといった。蔵前小町と称されるほどの美人で、常盤津《ときわづ》と長唄《ながうた》が上手で、しかも画もかけば書もよくし、また和歌の嗜みもあった。

この女性をみそめた象山は人を遣わして、「私は今、神田阿玉池《おたまがいけ》に塾を開いている信州松代藩士佐久間修理と申す者であるが、ぜひ貴殿の娘のみつ殿をもらい受けたい」と申し込んだ。九兵衛も町人でこそあれ、札差仲間の長を勤めて羽振りをきかせている者であるから、「せっかくの御所望ではございますが、正妻ならばともかく、お妾では無理でございます」ときっぱりと断った。

しかし「ならば残念」などと言って、あっさりと手を引く象山ではない。「私は日本国のためにと思って、懸命に西洋の学問を勉強している者で、つまり書生の身分なので、まだ妻を迎えるというわけにはいかない。それに国には親もおり、正妻とするにはまず親の許しも受けなければならぬし、また殿様へも申し上げてその許しも得なければならない。これらの手続きが面倒で容易にらちが明かない。だからといって女手がないのは家事に不都合であり、それで側室を置きたいと思うのである。ただし私はまだ修業中の身ではあるが、塾を開いて門弟にも教えており、交際している人たちも、佐藤一斎とか、大槻盤渓とか、梁川星巌といったそれなりの人たちばかりなので、そうした人たちとも交際しなければならない。それ相応の立ち居振る舞いや、知性が求められるのである。噂によると、あなたの娘は琴・三味線の嗜みはもちろん、和歌・茶道にも達しているとのことであるから、ぜひお願いしたい」と、よくよく説明した。

九兵衛も一見識のある男であり、かねて象山の噂は耳にしていたので、むげに断ることもできず、「ほかならぬ佐久間先生のたってのお願いとあれば、世間体も問題はないでしょう」と、ついに承諾し間もなく蔵前小町のみつは、象山の家に入ったのである。そしてみつという名は、風流に乏しいからという象山の意見で、名を菊と改めた。

お菊は弘化三年(一八四六)七月、象山の長男恭太郎を生んだが、翌四年十二月、恭太郎は不幸にも病で夭折《ようせつ》してしまった。象山は悲しみに沈み、お菊の妹のかねは、

つもりしと見しはきのふの夢にして　たちまち消ゆるはるの沫雪

という追悼の詩を作って象山を慰めたという。

お菊は嘉永元年十一月十一日、もう一人男児を生んだ。これが象山の一粒種の恪二郎である。お菊は象山に寵愛されたが、いかなる事情があってか、嘉永五年二月、暇乞《いとまごい》して象山の許を去った。その際に象山が別れを惜しんで作った詩がある。

かりがねのおなじこゝろにさくらばな　さくをもまたでいなむとやする

春ごとにかりも別れぞおしまるゝ　あきさへたてばきぬるものから

岩にせくたき川にしもあらばこそ　われてののちにあふこともあらめ

象山がいかにその別れを惜しんだか、それはこれらの詩で知られよう。

象山の一粒種恪二郎は、実母のお菊が象山と離別してしまったので、お蝶という女性に育てられた。お蝶は、やはり側室として象山の家に入ったが、象山暗殺後も佐久間家に残って、遺子恪二郎の面倒をみたのである。お蝶は江戸西久保の鰹節問屋田中安兵衛の娘で、象山が神田阿玉池に塾を開いていた当時、小間使いとして雇った女性であったが、いつしか象山の子を宿し、弘化二年五月二十日にあやめという女児を生んだ。そして嘉永三年十一月には、また淳三郎という男児を生んだが、いずれも夭折してしまった。お蝶は容貌も美しく、三味線・字も堪能で、その気質が穏やかでしかも実直であったから、象山はとても彼女を愛した。

お蝶は、象山の没後、他家へ嫁ぐこともなく、自分の腹の子ではないのに、恪二郎の面倒をよくみて、改易となった佐久間家の再興に力を尽くした賢婦人であった。維新後は象山の門人で医師であった長野市の金子成

三、松代の資産家八田家らの世話になっていたこともあったが、晩年は東京に住み、明治三十七年五月二十三日、芝区浜松町二丁目二番地において病没した。享年七三であったという。

第七章　飛躍の時代

幕末混乱期の到来　再び世に出る

吉田松陰は初め、象山に累の及んだことを深く悲しんだ。自分が国法を犯した故に、象山が蟄居の処分を蒙ったのであるから、その罪が一日も早く赦《ゆる》されることを祈念し、もし赦免が不可能であるならば、せめて処分を軽減してもらえるようにと考え、自藩の政務係坪井九右衛門に書を送って尽力を依頼したのみならず、当時江戸にいた桂小《かつらこ》五郎《ごろう》(後の木《き》戸《ど》孝允《たかよし》)・久保清太郎らにも書状を出して、密かに幕府の意向を探らせ、かつ海防係老中松平伊賀守にも書状を提出し、象山のために赦免を願った。しかしその願いが達成されるには至らず、象山は配所の月を眺めること九ヵ年の長きにわたった。

慨然発レ憤冒二艱難一　擬下為二皇州一紓中大患上　豈料数奇不レ酬レ志　九年寂莫臥二家山一

と嘆いたのも無理ならぬことである。

文久二年(一八六二)七月、一橋慶喜が将軍の補佐役となり、松平慶永が政事総裁に任命されると、幕政の改革を断行し、かつ天皇の命令で安政の大獄(安政五〈一八五八〉～六年)以来、国事に尽力して命を失った者や、幽閉追放などの刑に処せられた者を取り調べて、池内大学以下四七人の志士を赦免した。しかしなぜか象山は赦免の恩に浴することができなかった。世の人はもちろん、象山もこれを不可解なことと怪しんだ。そこで、「近頃聞くところによると、藤森恭助(天山または大雅と号す)までが赦免の恩を受けたという。彼は自分より六年も後にお咎めを蒙り、しかも中追放であるから、自分よりも数段罪が重い。それなのに今回赦免されたのは、広く一般に大赦令《だいしゃれい》が発布されたかららしい。ところが自分にはその恩赦が適応されないのは理解できない。江戸の昌平坂学問所《しょうへいざかがくもんじょ》や医者衆の塾や幕府周辺などでは、すでに恩赦が実行されているが、松代の藩中では私の罪が赦されるのを喜ばない者がいて、妨害運動をしているためだという噂もあるらしい。これもまったく根も葉もない妄説《もうせつ》とは言い切れない。私は外国の書物を読んで啓発されるところがあり、それを皇国のためと思い、人々に先立って我が国のとるべき大計を先君真田幸貫侯に申し上げてきた。その際、私の言葉は信用されず一笑に付されてしまったが、二十年後の今日になってみれば、天下の形勢はことごとく自分が予想した通りになった。もし世が世であったなら、ご褒美にあずかるべきであるのに、かえってそれを犯罪となし、このように長きにわたって蟄居を命ぜられているのは、まったく理解し難いことである。このように世の中の情勢が切迫してきたのであるから、すみやかにご赦免下さるのが国家のためであろう」という意味の上申書を書いて藩老矢沢将監《しょうげん》へ差し出した。

桜田門外の変図（安政五年戊午三月三日於テ桜田門外ニ水府脱士之輩会盟シテ雪中ニ大老彦根侯ヲ襲撃之図・国立国会図書館蔵）

　象山の蟄居が九年の長期にわたったので、この間に世の中の様子はまったく一変してしまった。かつていわゆる黒船が渡来するまでは、世界の大勢への理解に乏しく、象山の唱える開国論は国家の危機をもたらす危険思想とされ抑圧を受けた。しかし幕府の要人たちも、度々外国人と接触してみるに、今までの排外的な考え方が不可能であることを悟り、ようやく開国論に傾いてきた。

　しかし幕府要人たちの開国論は、先を見通せるようになり、欧米諸国の事情が分かるようになったからではなく、列強の軍艦大砲が恐ろしいので、その要求を聞き入れるという屈辱的なものであって、象山のように世界の大勢を察し、西洋文明をとり入れて、国家独立の基礎を固めようという積極的な開国論とはまったく天地の差があった。

それはともかくとして、幕府の要人たちの思考が開国論に傾いてくるにしたがって、その反動として、今度は尊王攘夷の説が盛んになってきた。また徳川政権三百年の栄華の夢もどうやら破綻《はたん》しかけてきたのをみて、佐幕派《さばくは》の中には公武合体論を主張する者なども現れ、国論が非常に紛糾してきた結果、象山のような識者の登場を要求する声が次第に高まってきた。

そこで長州藩主毛利慶親《よしちか》は、象山が赦免に洩れたのを深く遺憾とし、文久二年十一月、「この国家多事の時に佐久間修理のような天下の有用の人物を、空しく辺土の埋もれ木としておくのは国家の一大損失であるので、すみやかにその罪を赦されたい」と幕府に陳述し、また土佐藩主山内豊信《とよしげ》（容堂《ようどう》）も熱心に象山の赦免運動を行った結果、ようやくその年も押し迫った師走の二十九日に、左記のように禁固赦免の処置が命じられた。

学校督学　佐久間修理

先達而不届有レ之、蟄居申付置候処、京都より被二仰出一厚御趣意も有レ之付、此度御免可二申渡一旨、板倉周防様御差図の旨、町奉行浅野備前守様より御達有レ之候、其段可レ被二相心得一候、

これにより、象山は実に九年ぶりで自由の身となったのである。

長州藩・土佐藩からの誘いを断る

長州・土佐の両藩主が、熱心に象山の蟄居赦免の運動を起こしたのは、いずれも象山が国家有用の人材でありながら、空しく幽閉状態におかれていたことを惜しむとともに、自藩に象山を引き抜こうという下心があったからである。よってまだ赦免の処置のない内に、その内諾を得ておきたいとの考えから、先を争って勧誘の使節を松代へ送ってきた。初めに土佐藩の使者中岡慎太郎・衣裴小平・原四郎の三人は、

一書呈㆓研北㆒候、愈御安全可㆑被㆑成㆓御座㆒雀躍之至奉㆑存候、然ば御家臣佐久間修理事、于㆑今厳譴蒙居り候趣、已後寛宥之命下候時は、弊藩へ招じ度予願置候間宜希候、右に付家僕貴藩へ差遣候、先は要用而已如㆑斯御座候頓首、

容堂拝

真田君座下

尚々余寒御自愛可㆑被㆑成候以上、

という藩主山内豊信の書状を携えて、文久二年（一八六二）十二月の下旬に、遥々と松代までやって来た。

これとほんの一足違いに長州藩の使者として久坂玄瑞《くさかげんずい》・山県半蔵、少しく遅れて福原乙之進がやって来た。久坂・山県の両人は桂小五郎から託された島縮緬《ちりめん》の土産物を携えて象山を訪問し、藩主の意思を伝えた。長州藩では久坂らを派遣して、まず象山の内意を確かめ、承諾の見通しがついたら、正式に交渉するつもりであったと思われる。

土佐藩がすでに藩主の書簡を携え、礼を厚くして訪問したのに対し、長州の方は藩主の手紙も持たず、手軽な態度であったためか、象山は自藩の改革が必要で、せっかくではあるがお誘いには応じられないとはっきり拒絶した。

　当時長州は攘夷論の急先鋒であった。したがって象山を招く目的は、攘夷のための戦備を整えることであったから、久坂らは盛んに攘夷の説を主張した。これに対して象山は、

　神州皇極崇　民徳古今同　借問権謀雑　何如㆓信義隆㆒　深修㆓辞命㆒待　莫㆑恤梯航通　切願明㆓王道㆒
　　遠伝蕩々風

という詩を示し、また「よくよく海外万国の情勢を観察すると、諸国間の交易を盛んに行い、それぞれ富強を図っているので、我が国のみが孤立して攘夷を主張するのは思いもよらぬことである。ましてや我が国には、まだ軍艦・巨砲はなく、陸海ともに戦備が極めて脆弱であるから、列強諸国と戦端を開いたとしても、到底勝算はないであろう。だからとりあえずの急務は、まず強力な海軍を編成して武備を充実することにある」と極力、攘夷の不可であることを論じて、海軍力の充実が急務であることを力説した。

　十二月晦日に久坂・山県の両人が、松代から長州藩の来島・浅田に送った次の書状はその頃の状況を知るためのよい史料である。

　攘夷の儀は小生共考之処とは合不㆑申候得共、何分兵制城堡砲艦の事より、実に大老先生無㆑之ては不㆓相叶㆒、いかにも残念之至也、此後当分の処は、有志の士を撰み此藩遣し、此翁に随従して学問致させ度ものに有㆑之候、

久坂らがいかに象山の見識に服したかは、これによって明瞭である。長州藩士伊藤俊輔（博文《ひろぶみ》）・井上聞多（馨《かおる》）・野村弥吉（井上勝）・山尾庸三《やまおようぞう》・遠藤謹助《きんすけ》の五人が藩の許可を得て、文久三年五月、横浜を出帆して英国に赴いたのは、象山の海軍振興論を久坂らから聞き知って、刺激を与えられた結果であることは、井上馨の手記によっても明らかである。日本海軍の発展は、象山に負うところが少なくないといえよう。

象山は長州藩の招きを謝絶し、また同様に土佐藩の招きにも応じかねる旨を即答するつもりであったらしい。しかし土佐藩の使者は藩主山内豊信の書状を持参して、正面から堂々と松代藩主へ頼み込んだのであるから、その諾否《だくひ》はまず第一に藩主の意見に従わねばならなかった。よって挨拶に手間取っている中に、蟄居赦免の恩典に浴したのである。

当時、藩主に向かって「土佐藩がそれほどにお望みならば、いっそのこと遣わしてしまったらいかがですか」と、説く者があった。それは象山と普段から政見を異にし、感情をぶつけ合っていた真田志摩の一派で、土佐藩の要請を好機とし、これを遠ざけようとしたからである。象山はいち早くその奸謀を見抜くとともに、これらの輩《ともがら》を主君の側から除く必要があると考え、文久三年正月二日、登城して藩主に謁見し、藩政改革の意見を述べ、さらに土佐藩からの招きを謝絶してもらうよう力説した。その結果、藩主から次のような謝絶が通達されるに至った。

御手字拝誦、御履況倍御佳勝被レ成二御座一、慰沃之劇奉レ存候、然者家来佐久間修理事、厳譴御寛宥之命候はゞ、貴藩へ御招被レ成度、御所望被レ仰候、為レ其御家来両人遠路態々寒邑迄被二差遣一候御事、浅からず奉レ存候、修理御寛宥も旧臘底に既に被二仰渡一候、然所当今切迫之際、家政向も改革、兵制も致二一新一取掛り居、右之者不二罷在一候ては於二寒邑一、甚差支候筋有レ之候、仍而御懇嘱に相戻り候は、近頃不本意之至に候へども、無二余儀一、及二御断一候、不レ悪御原諒可レ被レ下候、右拝答も早速貴仵に附し可㆓申上㆒之所、折節得㆓寒疾㆒執筆存じ艱み不㆑覚稽緩愧入候、幸に御海涵被㆑下度候、時下余寒も尚退兼候為㆓皇国㆒、深御自愛被㆑成候様奉㆑祈候、不具、

真田幸教拝復

容堂君足下

右の原稿は、象山自ら筆を執って書いたものである。こんなわけで長州・土佐両藩の希望は達せられなかった。

藩政改革の断行を迫る

象山が長州・土佐両藩の尽力によって、九年間の幽閉から解放されたのは、前述のように文久二年（一八六二）十二月二十九日のことで、時に五二歳であった。文久三年の新春、久しぶりで晴れ晴れとした気持ちで初日の出を拝した象山は、早速、登城し蟄居の罪科が許されたことの、お礼を述べて退出し、二日改めて藩主幸教に謁見した。

象山は蟄居中から藩の内政が機能不全に陥っているのを遺憾とし、是正が必要だと考えていた。そこで幸教へ藩政改革に関する意見を述べると、藩主はいかにももっともな説であるから、明日改めて家老はじめ他の役人列座の席で、その意見を一同に聴かせるようにとのことであった。象山は喜んで引き受けた。

当時の家老職御勝手係《おかってがかり》は赤沢助之進であり、軍政を統括しているのは、家老職矢沢将監であった。三日登城した象山は家老職以下諸役人列座の席で、「今は家柄・門閥を尊重し、意味のない格式を重んじる時代ではありません。『呉子《ごし》』陣定《じんじょう》の説の通り、賢者が上におり、愚者が下にいるのでなければ、善政は到底実現できません。

我が藩の政治が現在非常に不振を極めているのは、つまりは『権衡殿最《けんこうでんさい》の掟』、『六廉弊吏《ろくれんへいり》の御法』がなく、常に賢者が下におって、愚者が上にいるからでございます」と、古くからの慣例を打破し、優れた人材を積極的に登用するよう率直に意見を述べた。いずれも互いに顔を見合わせるばかりで発言する者がなく、重苦しい沈黙がしばらく続いた。

やがて赤沢助之進がまず口を切り、「佐久間殿、ただ今仰せられた『六廉』とは、そもそもどういう意味のことであるか、後学のために承りたい」と尋ねた。象山は「廉善、廉能、廉敬、廉正、廉弁、廉法これを六廉と申します。だいたい政治の任にある者は廉の一字を忘れてはなりません。賄賂《わいろ》などを取って、その身を穢すようなことのあるのは、つまりは『廉』の一字を欠いているためです。もしそのようなことがあったとしたら、たとえ人格者で仁厚善柔《じんこうぜんじゅう》であったとしても取るに足らないし、才能があっても称賛することはできない。粗暴な行いがないとしても観るに足らないし、折り目が正しくても尊敬するに足らない。だから政治家は何よりまず『廉』の一字を基本とせねばなりません」と説明した。さらに赤沢助之進は、「私は無学でそれを知らなかったが、それは一体何の本に書いてあるのですか」と聞くと、象山は「『周礼《しゅらい》』小宰《しょうさい》の職に出ております。大事な政事を掌《つかさど》る人が、『六廉』の義を理解していないようでは、政治に誤りが生じるのも、むしろ当然です」と象山は断言した。

そして今度は矢沢将監に向かって、「囲碁の基本的な決まりに四ツ目殺《よつめごろ》しというものがあります。それさえも知らないのでは、とても上手な碁打ちに勝てるわけがありません。ことに兵事はもっとも大切な仕事であって、その国が成り立つか成り立たないのかは、これによって決します。それなのにまったく兵事の知識に乏しい者が、藩の軍事をどうして統轄できると思われるのか、そのお考えを承りたい」と問い詰めた。年の若い将監は何とも答えることができず、ただ赤面するのみであった。この時、助之進が側から「今後はいろはから覚えるつもりです」と言った。

象山は「その心掛けは誠に結構です。しかし、いろはをようやく習い初めたばかりの子供に、よそへやる手紙を書けと言っても、書けるはずがありません。それが軍務であっては、格別にも大事で、国家の安危《あんき》はこれにかかっています。それを今から、それも初歩から取り組むとあっては、盗賊を見て縄をなうようなもので、何の役にも立つものではありません」と理路整然と追及した。将監は「そのように申されると一言もない。今日限り私は役をご辞退させていただく」と言い放った。

やはり家老職の一人である小山田采女《うねめ》は、それをとりなすつもりで「藩主の任により将監殿は軍制を統轄することになったのであるから、そう簡単に辞退されるべきではないと思います。聞くところでは、来たる七日までには三奉行から、兵制に関する調書が提出されることになっているそうです。でしたら、いずれは調書が提出されましょう。その可否をよく研究した上で一両年も取り組み、もしそれでもうまく行かぬようなら、その時辞退されても遅くはないでしょう」と述べた。

象山は「今日の時勢は非常に切迫しており、半月一月を争っているのに、何も知らぬ素人に兵権を委《ゆだ》ね、一両年も試みた上でなどと仰せられるのは、あまりにも呑気過ぎる話であろう。今はそのようにのんびりと冗談じみた会議を催している時ではない。この国家の非常時にあって、そのような愚にもつかぬ話で正義の論を退けられるならば、もはや致し方もござらぬから、勝手になさるがよろしかろう。私にも覚悟がある」と象山は激昂した。こうして藩の重役たちはすべて象山に論破されて、その不見識が暴露されたので、ついには総辞職を申し出た。

象山は機能不全に陥っていた藩政の改革のために、その頃、閑居していた望月主水を起用して家老職勝手係に復職させて、財政経済を担当させ、自分は軍制と学制を掌握し、政道・武備ともに完成を図り、藩政の復旧を試みようとした。しかし例によって、藩中にこれを喜ばない者が多かったために、一度辞表を提出した家老たちも、結局それが認められることにはならず、象山の志も実現することはなかった。

尊攘派真木和泉の推挙により朝廷に召される

藩政改革の意見も、ついに採用されることはなかった。失意の境遇にあった象山は、今は自分にとって利のない時期だと悟り、今は静かに機会の到来を待つこととし、駿馬に跨《またが》り郊外の春を尋ねて、

終日馳駆城北原　秋風嫋々吹㆓垂韃㆒　外観応㆑有画図趣　駐㆑馬夕陽黄葉村　騰々怪馬洋装軽　信㆑馬離㆑城不㆑計㆑程　背㆑日林間革轡軟　逐㆑風堤上鉄蹄鳴

などと悠々と詩歌や閑日月を楽しみ、鬱々《うつうつ》とした心を慰めていた。ところが文久三年（一八六三）七月二十六日、京都の伝奏《てんそう》飛鳥井《あすかい》雅典《まさのり》の使者から、藩の京都留守役玉川一学の許へ左のような書状が届けられた。

以㆓手紙㆒致㆓啓上㆒候、然者其御家御家来佐久間修理殿御事、御用之儀も御座候に付、御所表より被㆑為㆑召候ても、御請可㆓申上㆒哉否、承知致度、此段可㆓申入㆒旨、被㆓申付㆒如㆑斯御座候以上、

これは真木《まき》和泉《いずみ》（紫灘《しなん》）が推薦した結果であるという。和泉は久留米の神職であるが、当時学習院の徴士《ちょうし》として高く評価され、尊攘討幕派の指導者であった。かつて象山の門に入って砲術を研究したことがあり、そのため象山が当世では得難い偉材であることを知り、普段から深く尊敬していたので、これを推薦したのであろう。象山はこのことを耳にして大いに喜び、

善断善謀無二失計一　万千将士仰如レ神　即今天下遭二多難一　苦憶当年雄略人

という詩を作った。

別な面でこれを喜んだ者がいる。それは家老職に復帰したばかりの真田志摩、鎌原伊野右衛門、及びその同志である長谷川深美らであった。彼等は前に述べた通り、象山とは意見も感情も合わず、犬猿の仲であったから、徴命に関する問い合わせがあったのを幸いとし、この機会を利用してとにかく目の上の瘤《こぶ》である象山を、藩外へ放出しようという陰謀を企て、藩主幸教に伝奏飛鳥井へは、次のように答えるよう仕向けた。

此度家来佐久間修理与申者不レ奉二存寄一、御用之儀茂御座候に付、従二　御所一可レ被レ為レ召哉之蒙二御沙汰一、誠に以当家之面目無二此上一難レ有仕合奉レ存候、然る処右之者義、学術才略者御座候得共、積年召仕相試候処、其為レ人不安心之次第茂御座候に付、是迄重用茂不レ仕差置候義に御座候、且又遮而申上候者、如何に御座候得共、此上弥蒙二御召一候様罷成候節に至、自然も家来之儘に而御用等被二　仰付一候御様子柄に茂御座候得共、可二罷成一御義に御座候者、差上切に仕度前以奉レ願候、此段厚御恕察被二成下一、幾重にも宜敷様御執奏之程、御内密奉レ願候以上、

九月七日　　　　真田信濃守

飛鳥井大納言様

御執事

象山は学術才略はあるが、危険人物である。そのため藩では重用もできない。だから、できれば「差し上

げ切り」にしてほしいというのである。誠に悪意に満ちた言い様である。

このような情勢であったから、親戚や古い門弟の中には、象山の身の上を案じて、これを辞退させようとする者もあった。しかし熱烈な勤王の士である象山は、朝廷の命に背く不忠を恐れ、世の中の評判に惑わされることなく、それに応じる決心をしたのである。

不レ干二誉命一不レ避レ毀　窮達両忘唯得レ巳　布衣業辱二天子知一　何論群蝨在二褌裡一　玉壺美酒琥珀光
傾レ之意気更蹶張　儘従委棄塡二溝壑一　高歌真欲レ排二天閶一

象山は憂国の志士であった。

しかし八月十八日、京都に政変が起こり、三条実美《さねとみ》をはじめとする七卿《しちきょう》の都落ちがあって以来、尊攘派の勢力が挫かれ、朝廷は公武合体派が主流となり、京都の政局は一変した。その結果、九月の末に至って「もはや御用の筋これ無きにつき、召しなされまじ」との命令があり、徴命問題はついに実現するには至らなかった。

それによって失望した者は、象山ばかりではなかったであろう。

将軍家茂に召される　覚悟の上洛

朝廷よりの徴命が沙汰止《さたや》みとなった翌年、すなわち元治元年（一八六四）三月、当時、京都にいた徳川十四代将軍家茂から、象山に上洛の命が下った。これは象山の主張した開国進取の説をもって、攘夷派を説き伏せるとともに、その対外政策を聴取して、海陸の兵備を改善しようとしたからで、それは禁裡《きんり》守衛《しゅえい》総督《そうとく》摂海《せっかい》防禦《ぼうぎょ》の指揮官に任命されていた一橋慶喜《ひとつばしよしのぶ》の意見によるものだという。

その頃、京都は尊攘派の巣窟であったから、浪士は過激な発言を繰り返して、京中を跋扈《ばっこ》横行して敵対する要人の襲撃や暗殺が頻繁に起こるなど、非常に緊張した状況にあった。そうしたところへ開国進取を主張する象山のような人物が乗り込むのは、あたかも薪《たきぎ》を負って火中に飛び込むも同然であると、親戚や門弟らは懸命にこれを阻止しようとした。特に当時、京都守衛の任を解かれて藩へ帰っていた門人久保成《しげる》などは、京都の情勢を知り尽くしていたことから、「この度、公儀よりお召しのご沙汰のあったことは、大変な名誉であり、こう申します私でさえ何となく肩身の広い思いが致します。しかし現在、京都の状況は極めて険悪ですので、何か口実をもうけて、ご上洛をお断りになるのがよろしかろうと思います」と述べた。

「そのように心配してくれる気持ちは本当にありがたい。あなたの言われる通り、ただ一身の安全という点からいえば、お断りした方がよいに違いない。しかし今の時勢は内憂外患《ないゆうがいかん》、内外ともに危機に直面している、まさに存亡の時であるから、自分の身ばかりをあれこれ申している場合ではない。国家存亡にかかわる極めて重大な時局である。今、京都では浪士が横行して、盛んに攘夷・鎖国などと騒ぎ散らしているが、あんな暴論を吐く者が跋扈して公家衆を煽動し、ついに国政を誤るようなことがあったら、それこそ我が国の前途はどうなるか分からない。今や世界は絶え間なく進歩しているにもかかわらず、我が国のみは攘夷などという愚論が盛んに行われている。これではますます世界の大勢に遅れ、結局は国家の滅亡を招くに至るであろう。よって今回、命を拝したのを幸いに、上洛して世界の大勢を説いて、その目を醒まさせ、正義・正論を広く伝えてこようと思う。自分以外にはこの難局を救えないし、またこの国家を導く責務に堪える者があろうか。自分一身の利害などは顧みる時ではない」と象山は断固たる決意を口にした。

さらに、

折にあはゞ散るもめでたし山桜　めづるは花のさかりのみかは

という旧作の和歌までも示し、決して忠告を聞き入れなかった。これをもって国を憂う心情と決意・覚悟のほどが知られる。

久保は象山の決意が揺るぎないものと知って、この上は止めるのも無理と悟ったので、その翌日から上洛の手伝いに赴き、反古《ほご》紙などを整理している中に、たまたま象山の『獄中百首』の草稿、吉田松陰の詩、及び書状、小林虎三郎の文稿、岩瀬忠震の詩『半截《はんせつ》』などを見出した。そこで「先生、記念のために頂戴したいのですが、よろしいでしょうか」と尋ねると、ちょっと目を通し、「よろしい」と答えながら、かつて高杉晋作が届けてきた「幕府諸侯何処可レ恃、神州恢復何処下レ手、丈夫死所何処最当」と尋ねる松陰の書状を手にとり、それをつくづくと眺め、「寅次郎（松陰）も今頃まで生きていたら、大いに役立ったであろうに、誠に惜しいことをした」とつぶやいて涙を流した。

息子の恪二郎、門人の高麗津左右輔《こまつそうすけ》（後の文部大書記官小松彰）をはじめ総勢一五人の随行者を連れて、都路《みやこじ》という馬に乗り、意気揚々と松代を発足したのは実に元治元年弥生の十七日であった。この日は更級郡桑原に、十八日は松本、十九日は本山駅、二十日は宮越、二十一日は上松、二十二日は妻籠《つまご》、二十三日は大久手《おおくて》、二十四日は鵜沼《うぬま》に宿泊し、二十五日土津川を渡り、昼過ぎに美江寺に至るが、そこで呂久川《ろくがわ》（揖斐川）が雨で出水して人馬の川止めとなり、仕方なく予定を変更して宿泊し、二十六日は大垣に至り、その藩の執政で門人の小原鉄心を訪ねて歓談し、その夜は古戦場として名高い関ヶ原に、二十七日は愛知川駅に、二十八日は勢多橋を過ぎて粟津原に至り大津に宿泊し、予定の日数より一日遅れて、二十九日の昼過ぎ頃に京都へ着いた。

途中、次のような詩を詠んでいる。

此行好時節　似レ践二観花約一　晴馬既可レ人　雨轎亦不レ悪　不レ探二沿道勝一　素志竟難レ酬　何日了二公幹一　帰路耽二壑丘一　己無二桟道険一　誰謂二岐岨難一　馬背吟眸遠　轎窓靠睡安　一川束二万水一　孤道鐃二千巒一　林壑多二奇勝一　只恨日易レ残

京都六角通東洞院《ろっかくどおりひがしのとういん》西入るの旅館越前屋に到着した象山は、小憩の後、早速老中酒井雅楽頭《うたのかみ》・水野和泉守・有馬遠江守及び所司代《しょしだい》の稲葉長門守らへ到着の挨拶回りをし、また藩からの書状を差し出して宿所へ戻った。

山階宮晃親王・一橋慶喜に重用される

象山は自負心が強かったが、幕府の評価は意外に低かった。四月二日に目付衆の杉浦兵庫頭から、三日に出頭せよとの命令があったので、その日、象山は容儀を正して二条城へ出仕したところ、老中酒井雅楽頭の命だといって、御徒士《おかち》目付の清水畸太郎《きたろう》から次の辞令が渡された。

海陸御備向掛手附御雇被二仰付一、御雇中御扶持方二十人御手当金拾五両被レ下候、

真田信濃守家来　佐久間修理

二十人扶持に一五両の手当、しかも御雇いである。天下の英傑を遇するにはあまりに微官小禄ではないか。予想に反した幕府の待遇に、象山の自尊心はひどく傷つけられ、憤然として辞退し帰ろうとした。清水は狼狽しさまざまに慰留し懇請したので、不本意ながらも承知して宿所へ帰った。しかし、怒りは収まらなかったよ

うで、同月十一日に親戚の斎藤友衛へ送った書簡に、

此辺の御雇等、一能一技の士と打混じ、相勤め候義、欲する所に無レ之、又此表の模様も素志の行はれ申すべきにも無二御座一、其所洞察候へば我策三十六帰山、是上計と存じ、其辺の計略直様相立、登城も被二仰付一後、一日致し候のみ、乍レ去某此地へ罷越し候上は、御当地は申に及ばず、摂海を始め五畿内大略之形勢は、探討致し置き候方、本藩の御為にも可レ然と奉レ存候、

と述べているのは象山が上洛した頃の事情を伝えるものである。

その処遇に苛立ちもしたが、この切迫した時局を放置して故郷に帰るのは、志士たるもののとるべき行動ではない。しかし京都に踏み止まって計略を巡らそうとしても、その才能を生かす所もなく、どうしたものかと去就に迷った。結局、もう少し京都に滞在して天下の形勢を眺め、また暇をみて海岸や京都周辺の実情を調査探索しておけば、いずれ何かの役に立つこともあろうと考えて、しばらく京都に居ようと腹をきめた。そして西洋鞍を置いた愛馬に跨り、洛中洛外の春景色を楽しむなどして心の憂さを晴らしていた。

十日の朝もまた馬に乗って、これから出かけようとしているところへ、思いがけず一橋慶喜の使者黒川嘉兵衛が来訪し、「一橋中納言殿が、貴殿にお尋ねしたいことがあるので、明後十二日に登城してもらいたいとのことです」と口上を述べた。この口上が終わるか終わらない内に、また山階宮の用人国分番長から、

以二手紙一得二貴意一候、然ば今日御用閑に候はば、御参殿被二成下一候様致度、此段可レ得二御旨一、如レ此御座候、以上、

二白、御参殿には御乗馬為二御牽一に相成候様致度、尤九門内馬牽入候事被レ禁有レ之候へども、其節為二

御知レ被レ下候はゞ、当御殿より可レ然取計可レ申候、右心得迄に申入候以上、

という書簡が届いた。象山はようやく時機到来とばかりに喜び、その日の午後、早速宮邸へ伺候《しこう》した。

山階宮は伏見宮邦家親王の子で、晃《あきら》親王と称し、孝明《こうめい》天皇の猶子《ゆうし》となり、天皇から厚い信任を得ていた。天保十三年(一八四二)、不祥事により叱責を受けて、東寺に入り謹慎していたが、才智に優れ熱心に海外の事情に関心を持ち、世情にも通じていた。象山が「今、京都で第一の豪傑といえばこの方」と言ったのも、決して褒めすぎではないのである。そのため薩摩藩士などが、密かに心を寄せていた関係上、島津久光らの斡旋で、宮は元治元年(一八六四)の正月、還俗《かんぞく》の上、親王の宣下《せんげ》がなされて、皇族として朝政に参与していた。早くからの開国論者であったので、象山の意見を聞くために呼んだのである。象山が伺候すると、宮はお待ちかねの様子で、「近う近う」と側近く召し、自ら熨斗鮑《のしあわび》・昆布などを下賜された。象山はお尋ねにより、西洋の天文・地理・兵法について詳しく説明したところ、宮のお褒めにあずかり、「公事の手隙《てすき》には時々遊びに来てくれ」というお言葉を賜り、さらには扇子、紋章入りの盃、つづれの錦の煙草入れなどを拝領し、大いに面目を施した。

その翌々十二日には、約束により一橋慶喜に謁見した。慶喜は当時将軍の後見役であり、かつ禁裡守衛総督摂海防禦の指揮が任されていた。水戸藩主徳川斉昭の子で信望が高く、その勢力は将軍を圧する有様であった。象山は以前から慶喜が賢明であることを聞き知っていたので、一度は拝謁したいと思っていたところ、思いがけず、先方から面会を求めてきたのであるから、願ってもない幸いと喜んで参邸した。

参上してみると慶喜は天下の大計を聞きたいとのことであった。そこで幕府の従来の政策の難点を指摘し、自身の抱いていた意見を具申《ぐしん》して国策を論じた。さらに言い残したことがあったので、それは後に書面で上申した。

それは大改革の実行と、急いで畿内の精密な地図を作ること、海防の設備を最新式に換えてゆくことが必要

であるとの提言であった。また七ヵ所の守備地を巡察してみたところ、いずれも役に立ちそうもない兵士ばかりで、これでは費用の無駄で諸藩を疲弊させるだけなので、守護職の直轄として壮年者を俸給をもってやとい、西洋式の軍隊に換えるのが上策だとした。

このように山階宮からは手篤い待遇を蒙り、慶喜からはその諮問にあずかるなど、まったく思いがけないことが続き、象山はその光栄に非常に感激した。そればかりか、十六日には四〇人の扶持に加増されたので、象山の意気はまさに揚々たるものがあったのである。

私事も只今ふたまたぎに相成居候、一橋様にては、一橋様御在京の間は京都にさし置かれ度御様子、又江戸にては公方様御帰府にも相成候はゞ、是非共江戸へ参り候様との事も有レ之候、しかといづれともきまり候上ならでは、其運びにも致しかね候、さて私事も御返事がてら、先便申上候通り、居ながらにして四十人扶持被レ下、表面のつとめと申すは先づ無レ之、いづれにてもかねて私之申居候説に上下御一致御座なく候ては、天下は太平に戻らずと申事にて、当節やぶれかゝり候天下を、再び太平にかへし候道を以て、御所を御開明にいたらせられ候様致し候事、此節私の大任と申ものに御座候、誠に至ての大任天下の治乱、私の一身にかゝり候様に存じられ候、皇天の皇国に幸し給ふ思召に候はゞ、私の説御所にも行はれ申べく、もし私の説行はれかね候なれば、天の皇国に禍する時節と存候ことに御座候、此度の上京はじめの被二仰付一にては大に望を失ひし所、はからず右の次第に成り候は、不思議とも可レ申難レ有事にて、皇国に生れ出で、私だけの学問を身に積み候かひも御座候様、存じ昼夜苦心も仕候事に御座候、然る所幸に先便もすでに申上候通り、はからず山科の宮様の御知遇を蒙り、此程廿三日にも参殿いたし候所、御所へめされ近うまいれと御座候て、御しとねぎは三四尺の所へ進み御茶菓子いたゞき候間、此度御菓子一ツさし上申候、宮様方のめし上り候は、又地下とは風の違ひ候もの参る人には御見せ可レ被レ下候、これは四月二十八日、北山家に嫁している姉に送った書簡の一節である。

象山は下級役人の一人に過ぎなかったが、その人物・見識・学問の傑出していたことは、他に比肩《ひけん》する者がなく、その論ずるところは極めて重要な言論として識者たちに重んじられた。そのため慶喜も深く象山を信頼するようになり、攘夷の説を固持して曲げなかった何人かの朝廷の重臣については、その説得が象山に依頼されてもいる。五月一日、将軍家茂に召され、拝謁してその諮問《しもん》に答えるなど、象山の名声は日を追って高まっていった。昨日までは田舎に蟄居して、嘲笑にさらされていたが、今では天下の重責を一身に担って、その政治のあり方を論じようとしている。象山の得意がいかほどか想像できよう。

愛馬王庭の栄華物語

象山は西洋学の心酔者であったからか、服装も普段は白紬《つむぎ》か、もしくは黒の丸に三ツ引という定紋の付いた筒袖の衣服を着ていた。門人たちが怪しんでその理由を尋ねたところ、「孔子も右の袂を短くしたという。西洋人はみな筒袖を着ているが、誠に便利でよい」と答えた。また馬具も象山は西洋のものが軽便でよいと言って愛用し、幕府の徴命により上洛する時もこれを用いた。「ただでさえ物騒な京都へ、西洋馬具で乗り込まれては危険なので、日本の馬具をご使用なさって下さい」と門人たちは注意したが、象山は少しもこれに耳をかさず、いぜんとして西洋馬具を用いて上洛の途についた。

しかし少しは懸念《けねん》もあったのだろう。途中、美濃の大垣に門弟の小原鉄心を訪問し、馬具のことについて相談してみた。ところが鉄心は、「京都でも時折、西洋馬具を用いている人も見掛けるほどであるから、東西御兼学の先生がお召しになる分には、別に差し支えもござるまい」と答えた。それで象山も気持ちを強くして、入京後も引きつづき西洋馬具を置いた愛馬都路に打ち跨って、毎日のように洛中洛外を乗り廻した。

しかし鉄心の説明とは相違して、西洋馬具を用いて市中を横行する者は、象山の他には一人も見当たらなかった。そのため都の人もこれを珍しがって眺めるという有様で、間もなく大評判になってしまった。それがいつしか山階宮のお耳にも入り、では馬を牽《ひ》いて参上せよという連絡があった。

元治元年（一八六四）四月十日、召しによって象山が山階宮に伺候し、拝謁し下問にお答えして退出しようとしたところ、「その方は珍しい仕立ての馬を牽いてくるそうであるな、ついでに洋式の騎乗を見せてもらいたいものだ」と所望された。

無上の光栄であるから、象山は仰せに従って早速馬を御庭に引き入れた。その当日象山は宮に拝謁したのであるから、特に長袴を着ていたが、これを脱ぎ捨て襠高《まちだか》の半袴《はんばかま》に改めて、一四〜五度も庭を縦横に乗り廻した。もとより象山は騎乗の達人で、しかも鞭のさばきも巧みに、西洋鞍と鉄蹄《てってい》の便利なところをお見せしたので、宮も満足され大いに面目を施した。翌十一日、斎藤友衛に宛てた書簡の一節には、

馬も誠に仕合なる事にて、宮様の御庭草を踏み御覧に入り候事妙と可レ申、信州一国の馬も幾万可レ有二御座一候処、宮様御庭内にて被レ乗候は、某の馬に限り可レ申、今般御用にも必ず入用あるべくと存じ、御厩より拝借の事、申立候所叶わず、依て不レ得二已事一、上途の三日前に牽入れ候所、出立前取込名を命じ候にも及ばず、途中に出候て、今度上京に乗候馬に候へば、みやこ路と名づけ候はんとて、左様呼び来り候所、昨日はからず宮様御庭内にて乗候に付、易の文字を取り一名王庭とも呼び候はんと、豚児とも申候義に御座候、昨日の事は是より聊か不レ奉レ求候て、意外の栄華を荷ひ候義、御序の節、殿様御前へも御申上可レ被レ下候、

とある。愛馬都路を王庭《おうてい》と改めた由来は、右によって明らかである。この馬は象山の没後、新撰組の局長近藤《こんどう》勇《いさみ》に贈られたという。

象山が門弟の諌言《かんげん》を一蹴して、西洋馬具を使用したのは、決して見せびらかそうという気持ちからではなく、また物好きからでもなかった。それは日本の馬具に比べていくつも長所のあることを知り、これを普及しようとする意図があったからである。西洋のよいところを採り、日本の短所を補うという愛国の気持ちから生じていることは、元治元年六月十八日に夫人順子に宛てた左記書状の一節によって知られる。

西洋馬具にて京地のりあるき候事、其表にてもうはさ御座候よし、此方にても色々申大分気に入らぬものも候様子に候所、宜しき筋を存じながら開かずに置き候へば、開け候期なく候故に、人の言にかまひ申さず京着後、一度も日本ぐらは用ひ申さず候。乍レ去恪二郎はいつも此方のを用ひ申候、

象山が西洋の文明を取り入れるに、いかに忠実であったかを知る時、いよいよ尊敬の念を禁じ得ない。

その学問・見識により政治の重要人物となる

象山はその後、山階宮邸へ度々参邸して親交を深めた。元治元年（一八六四）四月二十三日にも伺候して、当今の時事について言上したところ、宮はその卓見に感服し、「いつか都合をみて、中川宮にも会って、その方の意見を聴かせてくれ」と依頼された。のみならず宮は二十五日に自ら、中川宮を訪問し、「いずれ近い内に、佐久間修理が訪ねてくるでしょう。その際には、よくよく彼の意見を聞いて頂きたい」と話し、中川宮からは「も

し訪ねて参ったら、都合をつけて必ず面談するようにしましょう」と快諾を得た。その旨を、山階宮は使いをたてて、わざわざ象山に伝えた。

　象山は大いに喜んで、五月三日に初めて中川宮邸へ伺候したところ、折悪く宮は風邪で引き籠もっていたが、特にお目通りを許された。象山は非常に恐縮し、ただ挨拶を申し上げただけでその日は退出した。中川宮朝彦《あさひこ》親王《しんのう》は山階宮の弟で、初めは仁孝《にんこう》天皇の猶子となり、後に奈良の一乗院に入り尊応法親王《そんおうほっしんのう》と称し、さらに粟田《あわた》口青蓮院《ぐちしょうれんいん》に移って尊融《そんゆう》と称した。安政年間、幕府のために相国寺に幽閉されるが、文久二年（一八六二）に幽閉が解かれ、文久三年から朝彦親王と改めて、また青蓮院宮、尹《いん》の宮、賀陽《かや》の宮とも称した人物である。

　これ以前、安政五年（一八五八）の春、象山は時事を憂慮して、門人馬場常之助を京都に遣わし、梁川星巌に書を送って、時局を打開する意見を述べた。その際、宮は星巌や池内大学から、象山の志を聴いて感服し、わざわざ武田相模守をもって常之助に、「佐久間修理の名はかねてから承知している。天下の政治について考えていることは、何事も遠慮なく聴かせてくれ」と懇切な連絡があった。当時、象山はこのことを聞き知って

　沢のべにたてるあしたづいかなれば　雲井の空にこえきこゆらむ

右のような歌を作って感激したほどである。当時、星巌も象山への返事の中で次のように述べている。

　親王中にては粟田青蓮院宮天資英邁、主上へ親近有レ之右に付言路大に通じ候、平日は俗官共風狂親王と
　称し居候処、此節は大に畏入候由、

才智に優れていたこと、またその度量の大きさがうかがわれる。宮は早くから皇室の衰退を嘆き、その復興

に取り組んでおり、世の人は今大塔宮《いまおおとうのみや》などと称していたほどである。

さて象山は、五月十五日に再び中川宮邸へ参じた。そして一橋慶喜に述べたと同様の意見、すなわち天下治平の策を陳述した。宮は熱心に象山の説明に耳を傾けていたが、やがて「その方のように利害を明らかにし、筋目を正して事を尽くす者は、これまで一人もなかった。一昨年にその方が来てくれたならば、おそらく天下はこのように乱れはしなかったであろう」と言って、近衛公より献上の鮮鯛・平目・鮑などを象山に下賜した。それ以来、いよいよ象山は宮の信頼を得た。

このようにして、象山の名声は京中の評判となり、薩摩藩主島津忠義《ただよし》の実父久光《ひさみつ》はその臣、高崎兵部（正風《まさかぜ》）を遣わし、象山について度々その意見を求めさせた。久光は開国論者であったから、深く象山の説に共鳴し、自藩に象山を招こうとし、西郷吉之助（隆盛《たかもり》）に命じて説得を試みたが、象山は幕府の命に応じて上洛したのであるからと、これを謝絶した。そんな事情から当時、西郷は度々象山の許を訪問して国事を談じた。花岡復斎《ふくさい》（敬蔵）の話に、ある日、象山は一人の客を玄関へ送り出し、復斎を顧みて「この大きな方が西郷吉之助殿だ」と紹介したという。西郷は人に「私がもし佐久間に会い、その意見を聴かなかったならば、大きな失策をしたかもしれぬ」と言ったそうである。その話の内容は不明であるが、西郷も象山と交わって利益を得たことは確かだろう。また西郷は大久保甲東《こうとう》（利通《としみち》）に、

学問と見識に於ては佐久間抜群の事に御座候得共、現時に臨み候ては、勝先生にもひどくほれ申し候、

という手紙を送っている。その事務的手腕においては勝海舟に敬意を示したが、学問見識では象山を尊敬していた。閣老の水野和泉守忠精《ただきよ》もまた深く象山の学識に敬服した一人であった。六月九日、山階宮邸に伺候した際「修理義は了簡有レ之候者に候へば、度々被ニ召出一度」と推薦している。

象山は身分役職は低かったが、その名声は朝廷・幕府の間に広まり、隠然たる重要人物となっていた。朝廷の決定も象山の意見に左右されるという情勢になったので、上洛当初に抱いた不平などは、いつしか消え去り、得意の色に輝くようになっていた。

京都での住居　煙雨楼

幕府の徴命によって上洛した象山は、初め六角通東洞院西入るの旅館越前屋治郎左衛門方を宿とした。ここは烏丸三条《からすまさんじょう》を東に折れた六角堂のすぐ脇で、御所にも近く、また二条城にも遠くない繁華な街の中心地であったから、大変便利はよかった。しかしいつまでも仮住まいもしていられないので、四月十四日、鴨川の西岸で故梁川星巌の住居の近所である丸太町《まるたまち》に家を見つけてそこへ移った。これは、親しい間柄である星巌未亡人紅《こう》蘭《らん》女史の斡旋によって借りた家である。

しかしその家は手狭で、また造作が見すぼらしく、他藩の者や旗本衆に来られても赤面するような粗末な家であった。人一倍負けず嫌いな象山が気に入るはずもなく、約一ヵ月ばかりそこで暮らして、五月六日に今度は鴨川べりの木屋町《きやまち》に適当な家があったので、そこへ移った。ここは部屋の数も一五～六あり、その上に厩《うまや》も付属しており、誰に来られても恥ずかしくない、堂々たる構えであったので象山も大いに満足した。

東は加茂川に臨み、向ふの岸には柳八九本有レ之、右の方一町あまりはなれて三条の橋も見え東北は小野山、ひえい山、ひがしやま、清水、やさかの塔など一えんに見わたされ、誠に画の如くにて、鴨川はゞ一町余にて、平日は東四分ノ一程の所を流れ、出水には川はゞ一盃にも成申候、丁度楼の上手より枝川二筋有レ之、楼の前を西へ流れ候所至て清らかに、そこのさゞれ石数へられ候程に候、川の中は島にて、細なる青草毛せんを敷き候様に候、月の光のけしきも得もいはれず妙に御座候、雨の景色は更に似るものなく覚え候、御目にかけ度ものと毎々恪二郎とも申事に御座候、宅の略図をとり御目にかけ候、是にて御推はかり可レ被レ下候、其内見わたし候、景色の図をもうつし御覧に入れ可レ申候、

これは姉に送った書簡の一節で、まの当たりに見るようにその景色が記してある。

象山はこの家を煙雨楼《えんうろう》と名付け、非常に気に入った様子であった。六月十六日（元治元年）順子夫人に送った手紙の一節には、

川辺故か夜分も至てすゞしく、蚊も居らず候、一昨夜かふとうた出来申候間一寸こゝにしるし御めにかけ候、

かはずなくかもの川瀬を風こえて　月かげゆらぐ夜半のすゞしさ

かはずは至て多く、所がら故か声もあきらかに聞え申候、

象山は憂国の志士であったが、また自然を愛し、閑日月を楽しむ詩人でもあったのである。

彦根遷幸の計画を進める

元治元年（一八六四）六月五日に、いわゆる池田屋事件が起きた。その発端は、京都四条小橋の桝屋喜右衛門

という古道具屋に新撰組が目をつけたことにある。その店は、夜になるとにわかに人の出入りが多くなり、またその挙動が怪しげだった。佐幕派の新撰組がこれに目をつけ、密かに探りを入れてみたところ、喜右衛門とは世を忍ぶ仮の名であって、実は尊攘討幕派の浪士古高俊太郎《ふるたかしゅんたろう》であることが発覚した。浪士たちは、六月二十日前後の風の強い夜を選んで市中に火を放ち、その機に乗じて中川宮及び守護職松平容保《かたもり》（会津藩主）を襲撃しようという陰謀を企てていることが分かったので、新撰組は三条小橋の旅館池田屋総兵衛方に会合している宮部鼎蔵（肥後藩士）、吉田稔麿《よしだとしまろ》（長州藩士）ら二〇余名を襲撃して、宮部以下七名を殺害し、二三名を捕縛し、後にこれをことごとく殺してしまった。これを池田屋事件というのである。この騒動は長州藩一味を大きく刺激した。

長州藩の家老福原越後は、先頃、懲罰を蒙った藩主毛利慶親父子、及び五卿（七卿の内、沢宣嘉《のぶよし》は生野に逃れ、錦小路頼徳《にしきこうじよりのり》は馬関において死亡）のために哀訴すべく、数百の兵を率いて上洛し、伏見に陣をとった。幕府は驚いてその兵の退去を迫ったが、彼等はこれを聞き入れなかった。さらには浪士の鎮圧を名目として、数百の兵を嵯峨の天龍寺、山崎の天王山などに駐屯させた。公卿の中には尊攘派の暴挙をおそれて、ひたすら寛宥《かんゆう》の処置とすべきことを説く者が多く、正親町三条《おおぎまちさんじょう》卿などは毛利父子の罪を許し、かつその入京を許すべしと建言し、また朝廷でも一旦はその議決がなされたほどであった。しかし、一橋慶喜は「長州藩の行動を見るに、嘆願とは言いながら多数の兵を擁し、武器を携えて京都に迫っている。これは朝廷を脅迫しようとするものである。もし本当に長州藩に嘆願する思いがあるならば、なぜ平和な手段をとらないのか、このような不誠極まる嘆願をもし許容するならば、それこそ朝廷の威信は地に落ちてしまうであろう。だから断固として、その退去を命ずべきである。朝廷がもしこの提案を受け入れないというならば、私は会津、桑名などとともに、その守護職を辞するより他に道はございません」と主張して、極めて強硬な態度を示した。朝廷では大いに狼狽し、結局、慶喜の意見に従わねばならなかった。

彦根城（彦根城博物館提供）

その結果、幕府は度々長州藩へ、武装を解除して帰国するよう促すとともに、藩主父子の赦免の申請は別の方法を採るべきと説得したが、長州藩はこれを受け入れる様子はなかった。そのため幕府側では在京諸藩の兵、及び京都見廻り組の隊士らを京中の各所に配置して、いよいよ守備を厳重にするに至り、天下の形勢はまさに風雲急を告げる緊張した状況となった。

この有様を目撃して、象山は心中密かに期するところがあった。そして山階宮・中川宮及び会津藩士広沢寅次郎・山本覚馬らと頻繁に往来して何事か密議を重ねていたが、ある日、愛馬王庭を馳せて一橋慶喜をその用邸に訪ねた。

「ご承知のように、今や京中には脱藩浪士たちが充満しております。彼等が尊王攘夷を唱える志のほどは評価すべきですが、大局を知らないその無知蒙昧《むちもうまい》の振る舞いは、つまりは国家を危うくするものです。今は公武が争っている時ではなく、挙国一致して外敵に当たらねばならないのに、長州藩は不穏な浪士らを煽動し、尊王の名を借りて兵を京都へ進めるとは実に不当なことです。藩主の勅勘御免《ちょっかんごめん》、五卿の復職を乞うというのもおそらくは口実で、その実は天皇を擁して天下を奪おうとする野心を抱えているに違いありません」と象山は雄弁に述べた。

慶喜は「その方の言う通りだ。猫の目のように変わりやすい朝廷のことであるので、いつ尊攘派の意見を容れて、討幕の宣旨を下すか分からない。これが心配なので、一日も早く公武合体を実現させるようにしなければならない」と言って眉を寄せた。

象山は「問題はそこでございます。よくよく京都の形勢をうかがいますに、盆地状で狭く守るに難《かた》く攻むるに易《やす》く、外から攻めてきた敵を防ぎ得た歴史がありません。それはつまり防御の設備が充分でないからで、昔はこうした場合、天皇の避難所は常に比叡山でした。延暦寺の僧兵が勢力を誇っていた頃であるならば、それもよかったでありましょうが、今日では時勢が違っていますので、地形に恵まれた堅固の地である彦根城に朝廷を遷《うつ》し、幕府の兵をもってこれを守護するのが上策と存じます。これにより公武合体の実があがり、開港の方針も自然と定まるでしょう」と言上した。慶喜は躊躇の色もなく即座に「いかにもその方の言う通りだと思う」と同意の旨を明言した。

会津藩の広沢寅次郎、山本覚馬は公武合体・開国進取の主義において、象山の意見に共鳴していた。故に象山はまずこの両人と相談し、会津藩の勢力をバックに彦根遷幸を決行しようとし、さらに山階宮・中川宮らにも献策して、いずれも賛成を得ていたのである。したがって慶喜さえ同意すれば、もはや七、八分通り成就したも同然であったから、象山は勇んで着々とその計画を進めた。

奔走も実らず　彦根遷幸計画の頓挫

元治元年（一八六四）六月二十七日、象山は関白及び山階・中川両宮邸に伺候した。しかし長州藩一件により、いずれも参内《さんだい》していて不在で空しく帰宅し、さらに薄暮長州藩の形勢を探索するため、伏見へ行こうと準備しているところへ、幕府の鉄砲奉行小林祐三が訪ねてきて、「真田侯が幕府の召しによって上洛すべく、本日藩兵を率いて大津（滋賀県大津市）に宿泊しておられると承った。大津にしばらく留まって守備の任について頂くのはいかがであろう」と尋ねてきた。「なるほど、いずれ会津藩が天皇を護衛して彦根へ行くのであるから、松代の藩兵は大津にいて、その守備に当たってくれれば、誠に好都合である」と、象山はめぐり合わせのよいことに、天の恵みとばかりに喜び、早速馬に鞭打って大津に急行し、松代藩の宿陣に家老職真田志摩を訪ねた。

この時、すでに深夜に及んでいたので志摩は就寝しており、対面してくれない。「天下の一大事につき、至急お目にかかりたく参上しました」と強いて面会を迫ったので、志摩も渋々と起き上がり、「この夜更けに、さていかなる御用か」と言う声も不機嫌であった。しかし象山はそんなことには一切頓着なく、滔々と弁をふるって天下の形勢を述べ、遷幸のやむを得ない理由を力説し、「京都と彦根の中継地として、大津は重要な場所ですから、しばらくこの地にご滞在願いたい」と懇願した。

志摩は、「当藩は京都御所の守護を幕府から命じられて参じたのに、我が藩の一存でこの地に滞在しているわけには参らぬ」とその要請を退けた。「公儀の方は、私が後でよいように取り計らいますので、決して御心配には及びません」と象山は食い下がるが、志摩は「いや無理だ。一度京都へ参上しての将軍の御命令であれば、その時また改めて大津へ出張致す」と頑として聞き入れない。

「志摩殿、この度のことが成就したならば、それは莫大な御手柄となり、真田家のためにもなることです。なんとかご承引にあずかりたい」と、象山は国家のためと思って、普段は犬猿の仲である志摩に頭を下げて懇願した。しかし「何と申そうとも、この儀ばかりは絶対に無理だ」と志摩は断固として言い放った。「しかし国家危急存亡の一大事……」と言いかけた途中で志摩は居丈高になって、「狼藉者じゃ！　者どもこやつをつまみ出せ！」と下知したので、家来の者どもがよってたかって、象山を門外へ引き出してしまった。

象山は真っ赤になって無礼の所業を詰問したが、今はいたずらに憤慨している時ではないと冷静に考え、今度は遠く瀬田（大津市）に至り、彦根藩の衛所《えいしょ》に岡本半介（黄石《こうせき》）を訪ねた。それはいよいよ遷幸の場合に船を用意して、琵琶湖渡御《とぎょ》の便を図ってもらいたいからである。しかし半介は象山とは旧知の間柄であるのになぜか面会を避け、「岡本殿は、佐久間修理という方はご存知ないとのことです。用件のほどは私が承ります」と衛兵に対応させるに止まった。象山は「左様ですか、知らぬと仰せであれば、それは仕方のないこと、強いて面会してみたところで無益でございましょう」と半介の心中も推し量ることができたので、象山は空しく馬を引き返すしかなかった。

一時、彦根へ遷都した後、さらにこれを江戸に遷し、幕府が天子の政《まつりごと》を助けるという形式で幕政を維持し、公武合体の実をあげて国威を発揚しようとした象山の計略も、前途なお多難であることを悟り、夜半長駆《やはんちょうく》の苦労もついに徒労に帰するに至った。

宮様方へも度々参殿いたし、毎度御寵遇を蒙り候事に御座候、先頃中川宮様にては、禁裡様より御いたゞきの御菓子致二拝領一候、御むし菓子故に差上候にならず、家来へもわけいたゞき申候、又かく別なるものに御座候、天下の事に付申上候事とも、両宮様御尤に御聞受け被二成下一、尚又関白様（二条様のこと）へも申上候様にとて、両宮様より御添書被二成下一、明日関白殿下へも参殿候つもりに御座候、申上候事、朝廷にて御取用に成り候へば、此乱れかゝり候天下、再び治りに可二相成一と存候、然る処此廿四日長州より多人数おし出し参り、ひらかたと申所に（大坂と伏見の間なり）たむろし、山崎と伏見とへ出かけ候と申事にて昨今京師も大に騒がしく御座候、会津の手などにては、皆甲冑にて抜身の槍提げ、夥しく私の楼の前を通り申候、其中へ明日殿様御参着と申事、恐察の事に御座候、乍レ去今晩大津の御泊妙策も有レ之候間、殿様の御為御家中の為、御勤め申度事候に付、御本陣迄乗出し候はんと存候、乍レ去よく行はれ可レ申哉否や、無二覚束一存じ申候、

これは大津へ急行するに先立って、象山が姉に送った書簡の一節である。これによると、このように不首尾に終わることは、かねて予期していたことであったらしい。しかし象山は大いに失望し、「万事休すだ。我が

身の果ても分からぬ」と、手をこまねいてため息を洩らした。この時は夜もすでに明けようとし、仰げば星影淡く、鏡のように澄み切った琵琶湖に映る象山の馬上姿もいつになく寂しかった。

松代藩家老真田志摩との対立

幕府から京都御所の南門警衛を命じられた松代藩主真田信濃守幸教は、家老真田志摩以下の藩兵を率いて、六月二十七日大津駅に宿陣していた。その時、たまたま象山が訪れて滞在のことを懇請したが、それを志摩が一蹴してしまったので、二十八日には予定の通り入京し、ただちに仏光寺に宿陣した。象山はこれを途中まで出迎えるつもりだったが、長州藩のことについて一橋慶喜の許へ伺候する約束があったので、その都合がつかず、仕方なく夕刻、仏光寺の宿陣に参じて御機嫌を伺った。

その翌二十九日、象山は山階宮から暑中見舞いとして、思いがけず伊丹《いたみ》の銘酒一樽を頂戴した。そこで半分の五升を藩主に献上するため、七月一日に賄役《まかないやく》片桐喜平太を使者として、近臣の者まで次のように申し入れた。

以㆓手紙㆒致㆓啓上㆒候、甚暑の節に御座候処、殿様益々御機嫌能被㆑遊㆓御京着㆒、恐悦至極に奉㆑存候、折節常陸宮様（山階宮）より暑中御尋ねとして、伊丹酒壹樽拝領仕候、右口切五升献上仕度奉㆑存候、宜敷御披露被㆑下度奉㆑願候、此段得㆓貴意㆒候以上、

七月朔日　佐久間修理

御側御納戸中様

宮から伊丹の銘酒一樽を下賜されたということは、身に余る光栄といわねばならない。忠義一途の象山は独りで拝領するのは忍びないので、藩主にその口切を献上したいと思ったのである。それなのに藩主はなぜか象山の好意を無にし、近侍《きんじ》大熊倹之丞の書状をもって次のように返却してきた。

御手紙拝見仕候、然れば常陸宮様より御拝領の伊丹酒一樽被レ成二御献上一度、則御披露仕候所、被レ為レ在二思召一、難レ被レ遊二御受納一旨、被二仰出一候に付御返却仕候、御落手可レ被レ下候、此段貴答迄得二貴意一候以上、

七月朔日　　大熊倹之丞

佐久間修理殿

藩主はきっと満足の上、受納されるものと信じていただけに、象山はこのことが意外であった。七月二日側頭取兼郡奉行長谷川三郎兵衛に宛てた左記の書簡は、その間の様子を伝えている。

両三日殊に酷暑に御座候、愈御碍も無二御座一候哉、偖殿様御機嫌能御着京被レ為レ在御同前恐悦至極に奉レ存候、右に付ても何かと御繁務と奉レ察候、然るに折節、常陸宮様より伊丹酒壹樽拝領仕候に付、暑中拝候の印迄に、配分進上御笑納可レ被レ下候、宮様方より当今の人数にも被二思食一折々拝領もの等致し候は、全く感応院様の御培養を蒙り候故の義と、毎々懐感難レ有仕合奉レ存候、此度も幸に殿様御京着被レ遊候砌の義に付、其段申上候はゞ、定て御満足にも被二思召一候はんと存候より、第一に右口切を献上仕度、其為新浄に樽を洗はせ、見張り居り敬て口を切らせ、御側御納戸を以及二献上一候所、思食被レ為レ在、不レ被レ受候とて、御納戸より返却に相成本意なき事に奉レ存候、いかなる思召かは奉二察知一かね候へども、彼是申上候ては

更に御旨に忤ひ候様にも相成べくと存じ、不レ及二是非一と観念、其儘止み候積りに御座候、元来は御京着砌の義に付、口切を殿様へ差上げ御重役衆へも配分、御供にも上られ候諸知音へも、くばり候はんと心組致し候処、前条の次第故、諸方へ配り候義は、相停め申候、但し貴君と竹村先生へ相贈候、心中御炤亮可レ被レ下候、以上、

七月二日　　佐久間修理

長谷川三郎兵衛様　尊酒添

宮より拝領の御酒の献上を、拒絶するとは穏やかならぬことである。思うにこれは幸教の側にいた家老真田志摩が、象山を憎むあまりに、このような小細工を弄《ろう》したものであろう。

尊王攘夷派から狙われる

象山はもとより勤王の志士であった。しかし討幕の非を説き、公武の合体を主張したところ、あたかも佐幕家のように見られ、このために尊王攘夷派から敵対視されることになった。しかし象山が公武合体を唱えたのは、決して単純な佐幕方針から出たものではない。国内の紛争を根絶して国論を統一し、挙国一致の上で国難に当たらねばならないという趣旨によるものであって、象山の眼中には徳川もなければ諸侯もなく、日本をいかにして救うべきかという一点だけがあった。その実現に苦心していた憂国の志は、左の歌によってもうかがい知ることができる。

きりぎりすつゝりさせとはすだけども　よのつゝれをばいかゞさすべき

それにもかかわらず、過激な倒幕論者や頑固な攘夷論者は、いずれも象山の志がいかなるものかを察することもなく、国賊として天誅《てんちゅう》を加えるべき標的という見方が次第に強くなってきた。その様子を察知した門人や古い友人たちは、しきりに心配して警戒するよう促した。

薩摩藩の島津久光もまた、早くから象山の身に危害の及ぶことを心配した一人であった。久光は公武合体の実現をはかるため、文久三年（一八六三）十月に上洛したが、京都では攘夷の説が盛んで、到底、自分の意見が反映されることのないことを察して、元治元年（一八六四）四月十八日、薩摩へ帰ろうとした。その時、家臣の高崎兵部を遣わして象山に災いのかかることを憂慮し、しきりに帰国を勧告した。その他にもなお象山の身に危険が及ぶことを危惧《きぐ》して忠告する者も少なくなかった。しかし象山は、頑としてこれらに耳をかさなかった。六月十八日、側室のお蝶に送った手紙の一節には、

島津久光像（尚古集成館蔵）

此方心ぱいの事も候はんとさつしの通りに候、さり乍ら人のしんぱいと存候事は、けくしんぱいも致し申さず、人のこゝろつかぬ所にしんぱいの多く候にはこまり入候、此方の宅へ切り込み申すべきの、外へ出候せつ手むかひ候はんのと申事は、諸方書付にも致し候よしに度々承り候へども、此方何とも存じ申さず、いつも馬にて出候節は西洋くらにて候、恪二郎は出候度は日本馬具にて候へども、此方は上京後つひ一度もこちらのを用ひ申さず、其事もかれこれ申す馬鹿者も候よしに候へども、よき事を開かぬやうの事にては成り申さず候故、わざとそればかり用ひ申

候、色々手むかひ申すべき様申候も此方の申条を是迄より別に致し、無法の軍にても手始め致候様改めさせ度仕事と見え候へども、此方の論は感応院様御さかんの頃より三十年近く一すぢにまもり居候事にて、今始り候にてはなく候、日本国中の御為と末永くはかり候見込故に、其見込を改め候様の事には成申さず、三十年も其せつを替へ申さず、おそれ乍ら　天皇様の御為をも公方様の御為をも深く存じ候上の事にて、其事は志あるものは大てい知る所に候故、色々申候もの有レ之候ても天道と申もの有レ之候へば、先は此方へ手むかひ致候事はあるまじくと安心致し居候、もし〳〵此方の身にわざはひにても受け候事有レ之候はゞ、日本はもはや大らんと存じ申すべく候、甚ぶんに過ぎ候事を申様に候へども、当節の議論日本国中の命脈は此方に有レ之有と存候、この御国と存亡を共に致し候れうけん故に、人々いろ〳〵申候てもさらにおそれ候事はなく、心中いつもやすらかに存候、是はこれ迄のしゆげふの功と存じ申べく候、

と述べている。

日本の興廃は我が一身につながっているではないか、今更なんで死を恐れることがあろう。己の心中はいつも安らかだと、その決意を示し、いつものように洋鞍《ようぐら》に跨り軽やかに、意気揚々として洛中洛外を闊歩《かっぽ》し、公武合体の大策を成就させようと、八方に奔走して休日もないような有様であった。その大胆不敵で傍若無人な振る舞いを見て、浪士たちの憎しみが、ますます高まってきたのも無理からぬことである。

刺客の凶刃に倒れる

象山は不撓不屈《ふとうふくつ》の精神をもって、実に三十年も海防問題に腐心《ふしん》し、そのため九年間もの謹慎処分も受けたが、

それでもなお自論を変えずに、朝廷・幕府のために尽力してきた。この天地を貫くような憂国の志は、世の人も多く知るところであるから、あれこれ批評する者もいるが、まさか天道に背いて危害を加えるような者はあるまい。万一自分の身に何か起こるようなことがあったら、それこそ日本の国は大乱となるであろうなどと強硬であった。もちろんそれでも、密かにピストルを用意するなど、常に刺客への警戒は怠らずにいた。

浪人共私の論と合ひ不レ申候故、目がけ候と申事、夫故随分よく用心、馬にて出候せつも勝（海舟）に調へもらひ候六挺がらみの短筒を腰に致し、常に玉をこめ置き候次第、昼すき有レ之候へばふせり、夜分は其玉を込め候短筒を枕もとに置候て、用心を専一に致し候事に御座候、乍レ去日本の御為めを三十年近く深く心配致し候ものは、国中に私程のものは無レ之、此事は人も皆申居候様子に付、先は手向ひ候ものもあるまじくとは存じ申候、但し宮様方御始め、御寵遇被レ成候と申事を、ねたみ候ものは可レ有レ之候、用心にしくべからず候、

この六月二十七日、姉に送った書簡は、よくその間の状況を物語っている。

しかしいかに危険が迫っても、そのために所信を曲げるようなことはなかった。いやむしろ反抗的に、ますます強がるのがその性癖《くせ》であった。よって過激な尊攘派の一味がつけ狙っているのを知りながらも、まったく意に介さないかのように、いつも洋鞍馬上の人となって頻繁に宮家堂上などに出入りして、開国進取の主張を広めることに努めただけでなく、彦根遷幸の計画を進めていたので、長州藩の一味などはいよいよ激昂するに至った。七月七日に仙台の藩医羽生致矯《はにゅうむねただ》が象山を訪れ、「彦根遷幸の一件を長州藩一味が嗅ぎつけて激昂し、先生の身辺をつけ狙っている様子です。非常に物騒なので厳重に警戒して下さい」と注意した。象山はその好意に礼を述べたが、いぜんとして意に介さないかのように、翌八日は二条関白邸に出かけ、ついでに山階・中

川両宮邸にも参上し、九日には会津藩の広沢富次郎が煙雨楼へ訪ねてくるなど、彦根遷幸についての計画を着々と進めていた。これらのことを耳にした尊攘派の浪士らは、十日の夜、左のような匿名の檄文《げきぶん》を錦小路・高辻両家などいくつかの高貴な家々に投じた。

会賊の姦曲邪謀天下の知る所にて一々不レ及二縷説一候処、差向大事件は此度長州士尊攘の大義相立候様為二歎願一、上国致候所、会賊等尊攘の大義を拒み恐れ多くも　鳳輦を奉レ移て、己れを免かれん大逆の奸謀を巧み、去る六月廿八日夜、松代藩佐久間修理、伏見に出張致居候彦根藩の者に内密申含候次第は、主上御開に相成候節は、湖上御渡り被レ遊候船有レ之候哉と相談候処、彦根より答には、当時大津表に船数些少に候得共、彦根表へ御越候へば、早速御手当可レ致と申、直に即夜急飛脚を以て彦根へ申越、窺二時機一事慥なる跡有レ之候、己れの姦曲を包みおほひ、正義を害せんが為、隠謀を以、天朝へ迫り奉り、無二勿体一も当春宸翰を偽作し、自分恣に誠忠の名を盗み、満朝の諸卿を愚弄籠絡し、朝威を軽侮蔑如し、兵威を以天朝へ迫り奉り、十余年来の叡慮を矯め、尊攘の大典を廃し、外は夷狄を驕慢せしめ、内は正義の人を害し、諸卿を僕視し、或いは禁門へ乗輿にて暴入し、天下後世の議悉く、主上に帰し奉り其罪悪天人の見る所にして、何を以て忠誠の名を賦する事を得んや、然るに満朝の諸公卿常に会賊等に阿諂阿諛し、一人冠衣を正して其罪を糺すものなし、皇道旦夕に滅絶せんとす、実に不レ堪二慨歎悲憤一堪也、

七月十日　列藩有志中

彦根遷幸一件がどれだけ尊攘派の人心を刺激したかが理解される。このため象山の身辺にも危険が切迫するに至った。

その次の日、すなわち元治元年（一八六四）七月十一日、象山は朝食を済ますと、すぐに従者の塚田五左衛門・

坂口義次郎、馬丁《ばてい》の半平、草履取《ぞうりとり》の音吉の四人を連れて愛馬王庭に跨って家を出た。この日の服装は白ちぢみ、飛白筋《とびしろすじ》の紺の堅縞の単衣《ひとえ》、紺縞の五泉平の袴、黒絽《くろろ》の肩衣《かたぎぬ》を着用し、それに白柄無銘《むめい》の大刀に、国光の小刀をたばさみ、従者に世界地図を持たせ、懐中には自分が執筆した開港の勅諭《ちょくゆ》の草案をしのばせ、これを上覧に入れるため、山階宮邸に参上した。しかし宮はちょうど宮中へ参内していて不在であった。よって執事の国分番長に面会し、一時間ばかりも話して同邸を退いた。

象山は「五左衛門、その方は地図を持って一足先に帰れ。私は蟻川《ありかわ》の許に立ち寄るつもりだ」と従者の塚田五左衛門を山階宮邸から帰宅させ、象山は義次郎以下を従えて、五条下ル寺町にある松代藩の宿陣本覚寺にいる門人蟻川賢之助を訪ねた。しかし賢之助もまた不在であった。この日、従者の坂口義次郎は、その前日から風邪でも引いたか、気分が勝れないと言っており、供をするのもどうやら大儀そうであった。そこで思いやりの深い象山は、「お前はいくら遅れてもよいから、ゆっくり帰るがよかろう」といたわり、草履取の音吉をこれにつけ、自分は馬の口取《くちとり》の半平一人を召し連れ……その半平も象山よりは少し遅れていた……帰宅すべく三条上ル木屋町通りに差しかかった。時刻は、午後の五時頃であった。日の長い真夏のことなので、まだ白昼であったが、突然、物蔭から二人ばかりの浪士が躍り出て、「国賊待て！」と叫びながら、長い刀を抜いて左右から馬上の象山へ切り付けた。「なにやつだ。卑怯なまねをするな！」と叱咤しながら刀を抜いてこれに応戦した。この時馬が驚きのあまりに駆け出したところ、途中で待ち伏せしていたらしく、次々に四～五人の浪士が現れて切りかかったので、さすがの象山もたまらず落馬してしまった。そこを散々に切りつけられ総身に

象山先生遭難の碑（京都市中京区木屋町通御池上る西側）

一三ヵ所もの深手を負い、さしもの大偉人も非業《ひごう》の最期をとげた。時に五四歳であった。そして三条大橋に左のような榜書《ぼうしょ》が立てられた。

松代藩　佐久間修理

此者元来西洋学を唱ひ、交易開港の説を主張し、枢機之方へ立入、御国是を誤候大罪難二捨置一候処、剰へ奸賊会津・彦根二藩に与同し、中川宮と事を謀り、恐多くも九重御動座彦根城へ奉レ移候義を企、昨日頻に其機を窺候、大逆無道不レ可レ容二天地一国賊に付、即今日於二三条木屋町一加二天誅一畢、但軒首可レ懸二梟木一之処、白昼不レ能二其儀一もの也、

元治元年七月十一日

皇国忠義士

右は粘入《ねんいり》の紙に記したもので、翌十二日の朝六ツ半過頃、松代藩士三沢刑部丞《ぎょうぶのじょう》が手付《てつけ》（下級役人）三井三吉を伴って、密かにこれを剥ぎ取った。これは後に、長野市犀北館《さいほくかん》の所蔵となった。その榜書中「西洋学を唱ひ」とあるのは「唱へ」と書かねばならぬのを誤ったものである。関西人は滅多にこうした仮名遣いの誤りはしないが、関東人には時折このような誤りがあるだけでなく、榜書の筆蹟が立派で同藩士長谷川深美《ふかみ》の手蹟に似ていたので、「きっと以前から犬猿の間柄である家老真田志摩一味の者どもが、浪士をそそのかして、象山を殺させたものであろう。そして榜書は深美自身が書いたに違いない」と噂する者があった。そうした流言を放つ者は、もとより深美らを憎む象山の門弟の中にもあったであろうが、その他にも普段の関係に結び付けて、面白おかしくこれを囃し立てる人々がたくさんいて、まことしやかにそれを伝えたのであろう。

長谷川深美は象山より一ヵ月程遅れて上洛し、藩の外交担当として盛んに枢要《すうよう》な人々の家に出入りし、特に

飛鳥山公園桜の賦の碑（東京都北区）勝海舟らが明治14年に建立

岩倉公の知遇を得ていただけでなく、諸藩の志士の中にも友人が多く、尊王攘夷論者であったから、そのような憶測も流れたが、おそらくこれは冤罪《えんざい》であろう。深美は象山の政敵で常に意見を闘わせてきたが、元来、熊沢蕃山《くまざわばんざん》を尊敬する水戸派の学者で、そんな陰険な手段を弄するような小人物ではない。仮に数歩を譲ってそのような小人だとしても、自ら榜書を認め、いわゆる頭隠して尻隠さずのへまをやるような間抜けではない。

　象山が横死を遂げると、藩では直ちにその家禄を没収し、一子恪二郎に蟄居を命じた。深美はこの時、藩の処置を過酷であると称して反対している。さらに後に恪二郎が、父の仇討ちをしようとし、逆に敵人に反撃されようとする情勢を察知して深美の許へ一時身を寄せた。すると深美はこれに深く同情し、「象山とは意見が合わなかったので、多年対立してきたが、もとより政敵として別に私怨があるわけではない。ましてやその子にはなんら怨みに思うところはない」と言って、自分の息子美楯《よしたて》に命じて、これを庇護させたという。これらの事実によっても、深美らが浪士をそそのかして象山を殺害し、またその榜書までも書いたという説の誤りであることが分かるだろう。長谷川深美の名誉のために、蛇足ではあるが一言《いちげん》しておく。

　それはともかく、開国の先覚者にして熱烈なる愛国者である象山に、国賊の汚名を着せて殺害してしまったのは、ただただ遺憾の極みである。山階宮は象山の殉難を哀悼して、

象山神社（同社提供）

象山《ぞうざん》神社には佐久間象山が祀られている。大正2年（1913）、象山の没後50年祭が松代町で行われ、これを機に神社創立の気運が高まった。その後、20年以上にわたる運動を経て、昭和4年（1929）に「象山神社創立願書」を内務大臣に提出し、2年後の昭和6年に認可された。真田家12代当主真田幸治を総裁とする象山神社建立会が中心となって募金活動などに奔走し、昭和11年に社殿が落成に至った。知恵の神、学問の神として信仰されつづけている。

浅間山けぶりと消えしその人の　名こそ雲井に立ちのこりけり

と詠み、また明治天皇は生前の功績を賞賛して、明治二十二年（一八八九）二月十一日、正四位を追贈した。

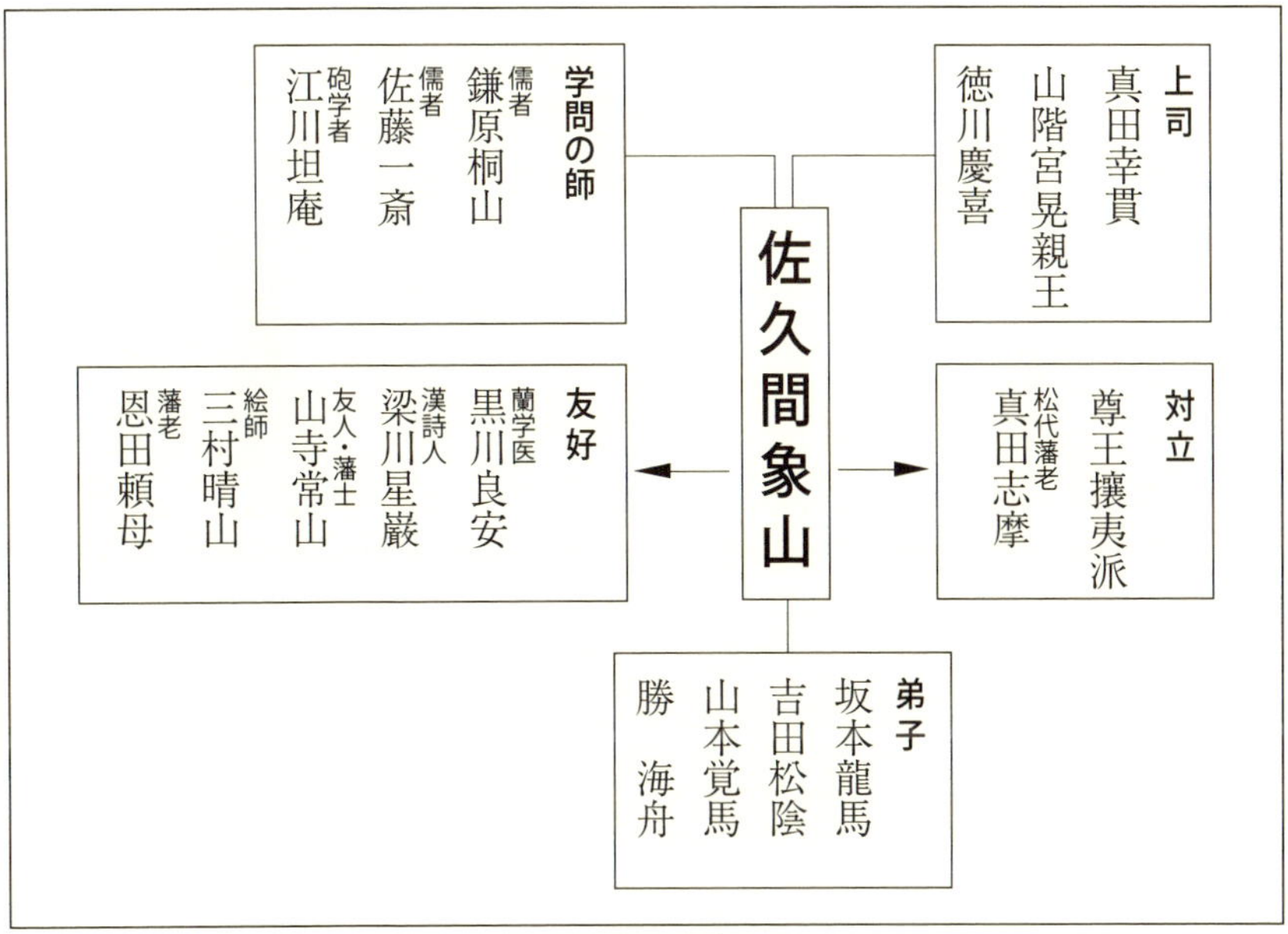
佐久間象山
上司
真田幸貫
山階宮晃親王
徳川慶喜
学問の師
儒者
鎌原桐山
儒者
佐藤一斎
砲学者
江川坦庵
友好
蘭学医
黒川良安
漢詩人
梁川星巌
友人・藩士
山寺常山
絵師
三村晴山
藩老
恩田頼母
対立
尊王攘夷派
松代藩老
真田志摩
弟子
坂本龍馬
吉田松陰
山本覚馬
勝　海舟

佐久間象山 関係図

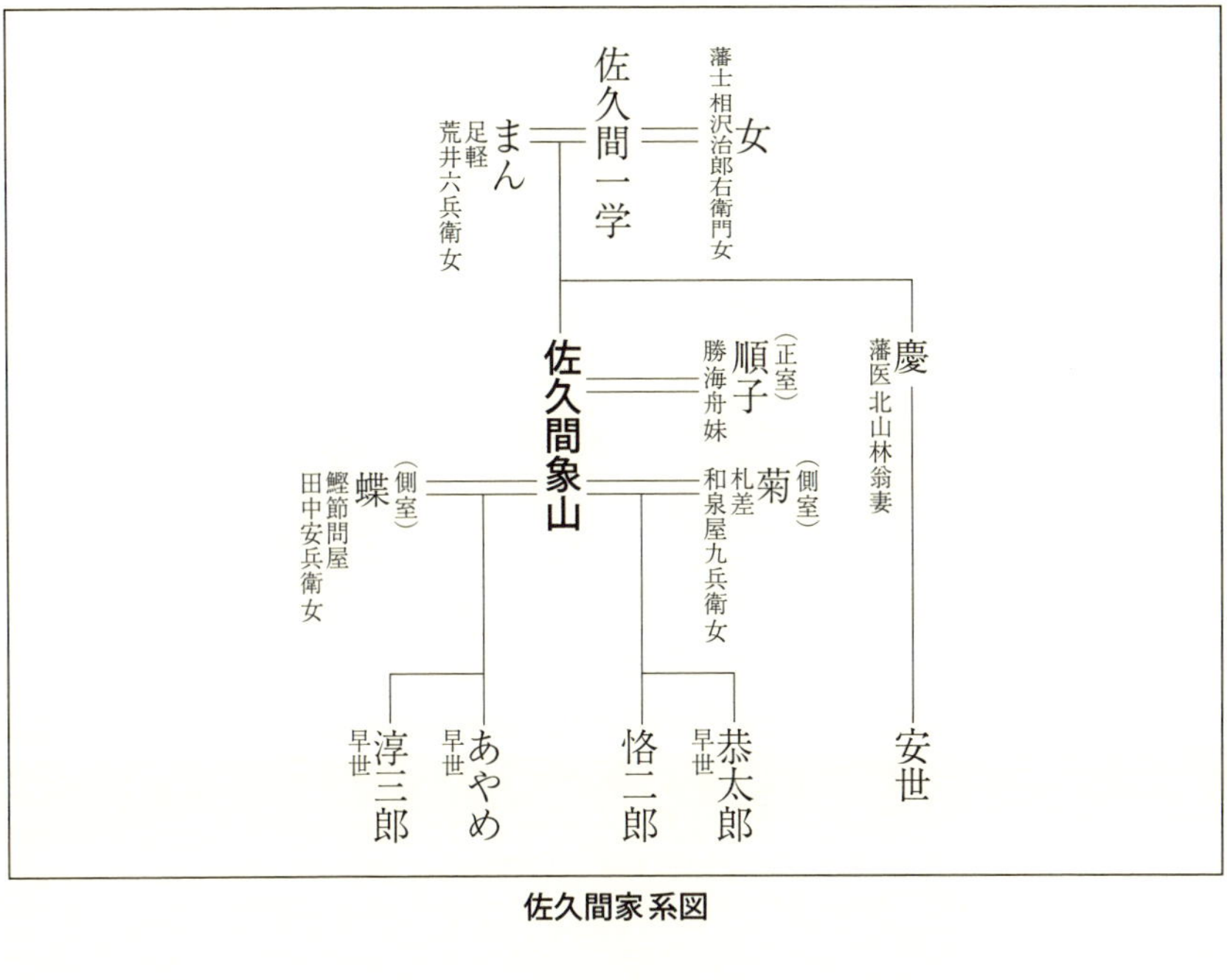
佐久間一学
女
藩士相沢治郎右衛門女
まん
足軽
荒井六兵衛女
佐久間象山
（正室）
順子
勝海舟妹
（側室）
菊
札差
和泉屋九兵衛女
（側室）
蝶
鰹節問屋
田中安兵衛女
慶
藩医北山林翁妻
恭太郎
早世
恪二郎
あやめ
早世
淳三郎
早世
安世

佐久間家 系図

佐久間象山 略年表

元号	西暦	年齢	事項
文化八年	一八一一	一歳	二月、松代城下字浦町に生まれる。
文政八年	一八二五	一五歳	嫡子の届出が許可され、四月、藩主真田幸貫に謁する。
文政九年	一八二六	一六歳	藩老鎌原桐山に入門する。
文政十一年	一八二八	一八歳	家督を継ぐ。
天保二年	一八三一	二一歳	三月、真田家継嗣の近習役となる。
天保三年	一八三二	二二歳	八月、父一学没する（七七歳）。
天保六年	一八三五	二五歳	十二月、御城付月次講釈助となる。
天保八年	一八三七	二七歳	五月、学政改革の意見書を提出する。
天保九年	一八三八	二八歳	十一月、名を修理に改める。
天保十一年	一八四〇	三〇歳	『望岳賦』を創作する。
天保十二年	一八四一	三一歳	九月、江戸藩邸学問所頭取となる。
天保十三年	一八四二	三二歳	江川坦庵に入門。 十一月、海防八策を藩主幸貫に提出する。
天保十四年	一八四三	三三歳	十月、郡中横目役に任命される。
弘化元年	一八四四	三四歳	六月、黒川良安より蘭学を学ぶ。

弘化二年	一八四五	三五歳	五月、長女菖蒲生まれる（夭折）。
弘化三年	一八四六	三六歳	七月、長男恭太郎生まれる（夭折）。
弘化四年	一八四七	三七歳	三月、信濃大地震。
嘉永元年	一八四八	三八歳	藩命により大砲を鋳造し、松代の西道島で試射する。 十一月、次男恪二郎生まれる。
嘉永三年	一八五〇	四〇歳	深川の藩邸にて砲術を教授し、勝海舟らが入門する。
嘉永四年	一八五一	四一歳	五月、江戸木挽町に居所を定め、砲術を指南する。
嘉永五年	一八五二	四二歳	十二月、勝海舟の妹順子と結婚する。
嘉永六年	一八五三	四三歳	六月、米艦の浦賀来航に伴って藩の軍議役に任命される。 十一月、学校督学に任命される。
安政元年	一八五四	四四歳	下田開港に反対し横浜開港を主張する。 四月、吉田松陰の密航事件に連座して捕らえられる。 九月、蟄居を命じられて松代へ帰る。
万延元年	一八六〇	五〇歳	閏三月、『桜賦』を創作する。
文久元年	一八六一	五一歳	母まん没する（八七歳）。
文久二年	一八六二	五二歳	十二月、蟄居赦免。
文久三年	一八六三	五三歳	一月、藩政改革の意見を藩主幸教に進言する。 七月、京都御所より招聘を打診される。
元治元年	一八六四	五四歳	三月、幕府の命により京都へ赴く。 七月十一日、尊王攘夷派により、三条木屋町にて暗殺される。

協力者一覧（五十音順・敬称略）

NPO法人夢空間松代のまちと心を育てる会 香山篤美・丸山日出夫
京都大学附属図書館
公益財団法人 三井文庫
国立国会図書館
真田宝物館（長野市教育委員会）
尚古集成館
象山神社 宮司 瀧澤 基
長野県図書館協会 常務理事事務局長 宮下明彦
彦根城博物館
元一草舎 代表取締役 高橋将人
山之内町教育委員会 新井孝宣
横浜開港資料館
横浜市 吉原光久
ラ・コスタ横浜山下公園マンション管理組合
早稲田大学図書館

〔著者紹介〕
大平喜間多（おおひらきまた）
明治22年（1889）、長野県埴科郡寺尾村（現長野市松代町東寺尾）に生まれる。昭和34年（1959）没。郷土史家。主な著書に、『松代町史』（松代町役場）、『真田幸弘公と恩田木工（信濃郷土叢書第十三編）』『佐久間象山（信濃郷土叢書第八編）』（信濃郷土文化普及会）、『海防の先覚者真田幸貫伝』（昭和刊行会）、『人物叢書 佐久間象山』（吉川弘文館）がある。

佐久間象山伝

2013年2月28日（佐久間象山 誕生日） 第1刷発行

原　著　大平喜間多

発行者　宮下玄覇

発行所　株式会社宮帯出版社
京都本社 〒602-8488
京都市上京区寺之内通下ル真倉町739-1
営業（075）441-7747　編集（075）441-7722
東京支社 〒162-0053
東京都新宿区原町1-20
電話（03）6457-6086
http://www.miyaobi.com/publishing/
振替口座 00960-7-279886

印刷所　モリモト印刷株式会社
定価はカバーに表示してあります。落丁・乱丁本はお取り替えいたします。

ISBN978-4-86366-872-0 C0023